内蒙古师范大学
70周年校庆
1952 — 2022
70th ANNIVERSARY OF
INNER MONGOLIA NORMAL UNIVERSITY

内蒙古师范大学七十周年校庆学术著作出版基金资助出版

自然资源约束下资源型地区经济增长研究

Research on the Impact of Natural Resource Constraints on Economic Growth in Resource-based Regions

斯日吉模楞 著

中国社会科学出版社

图书在版编目(CIP)数据

自然资源约束下资源型地区经济增长研究/斯日吉模楞著.
—北京：中国社会科学出版社，2022.6
ISBN 978-7-5227-0380-0

Ⅰ.①自… Ⅱ.①斯… Ⅲ.①区域经济发展—研究—中国
Ⅳ.①F127

中国版本图书馆 CIP 数据核字(2022)第 109998 号

出 版 人	赵剑英
责任编辑	王　曦
责任校对	李斯佳
责任印制	戴　宽
出　　版	中国社会科学出版社
社　　址	北京鼓楼西大街甲 158 号
邮　　编	100720
网　　址	http://www.csspw.cn
发 行 部	010-84083685
门 市 部	010-84029450
经　　销	新华书店及其他书店
印刷装订	北京君升印刷有限公司
版　　次	2022 年 6 月第 1 版
印　　次	2022 年 6 月第 1 次印刷
开　　本	710×1000　1/16
印　　张	12.5
插　　页	2
字　　数	165 千字
定　　价	66.00 元

凡购买中国社会科学出版社图书，如有质量问题请与本社营销中心联系调换
电话：010-84083683
版权所有　侵权必究

摘　要

经济增长理论是解释经济增长规律和影响制约因素的理论。经济增长的驱动力是学者们主要关注的问题之一。从古典经济学最初提出的自然资源、物质资本、劳动力到新古典经济学、发展经济学中提到的技术进步、人力资本、技术创新等一系列要素被人们广泛认可。其中自然资源要素是最早被经济学家提及的经济增长基础，虽然在后来的经典经济增长理论模型中没有纳入自然资源，但自然资源被默认为经济增长的物质基础。在主流经济学增长模型中，资本、技术、人力资本、制度等要素是影响经济增长的变量，资源问题被演绎为生产成本问题，而自然资源能够相互替代或被其他生产要素所代替，自然资源被当成外生变量。随着世界人口膨胀、资源能源短缺、生态环境恶化、社会矛盾加剧，资源与环境协调发展已逐步成为整个人类的共识，自然资源约束与经济增长关系研究已成为近年经济研究中广受关注的话题。我国虽然实现了经济的快速发展和城市化水平的迅速提高，但资源环境问题突显，经济增长与自然资源约束矛盾愈显突出。党中央、国务院高度重视资源环境与经济协调发展问题，把生态文明建设写入党的十八大报告。

我国存在较为突出的资源型地区转型问题。近年受资源储量锐减、国际能源价格走低、供给侧结构性改革、经济发展模式由投资驱动向内需拉动转变等因素影响，东北、内蒙古、山西、甘肃、新疆等资源型地区面临不同程度的发展困境，经济转型难度大。内蒙古作为我国典型的资源型地区，其煤炭资源保有储量占全国的26.24%，居全国第一位，是具有代表性的资源型地区。内蒙古通过煤炭资源的开采实现了社会经济快速发展的同时资源环境问题日益突出，由于煤炭资源的粗放式开采，水资源、土地资源等与煤炭资源开采活动相关的资源浪费问题突出，加之内蒙古水资源在地区、时程的分布上很不均匀，且与人口和耕地分布不相适应等特征，内蒙古经济增长受到了自然资源的不同约束。如何避免自然资源过度开发和利用以及自然资源约束，实现资源环境与经济协调发展是资源型地区面临的重要问题。从这些现象来看，厘清自然资源在经济增长中的效应，认识自然资源约束类型，探索自然资源约束影响经济增长的途径，分析自然资源与经济增长的关系，应对中国资源型地区面临的挑战，并对我国资源型地区转型、资源环境协调发展有重要的现实意义。

鉴于此，本书以我国煤炭资源丰富、水资源缺乏和草原（耕地）面积最大的煤炭资源型地区——内蒙古为研究对象，以煤炭资源、土地资源和水资源为主要研究主题，从自然资源约束角度，构建自然资源承载力综合评价体系，分析自然资源承载力，评述不同自然资源对经济增长的约束状况，对自然资源约束影响经济增长机制进行分析，提出相关命题。在梳理不同自然资源约束对经济增长的影响路径基础上，将自然资源纳入经济增长模型中，并实证研究不同自然资源约束对经济增长的影响，运用研究结论，寻求缓解资源型地区长期经济增长过程中的自然资源约束途径，提出相应的政策建议。本书的主要工作如下：

对本书研究自然资源、经济增长相关概念进行界定和阐述，并梳理自然资源与经济增长关系的理论演进，为本书的研究提供理论基础（第二章）。

分析内蒙古经济增长中的自然资源约束状况。通过构建自然资源承载力综合评价指标，运用熵权 TOPSIS 模型，分析三种自然资源承载力及三种自然资源综合承载力。同时结合内蒙古土地资源和水资源利用实际情况，筛选相关指标，依据国际、国家和地方资源管理准则、行业标准或相关研究成果，划分红、橙、黄三级检测预警指标阈值区间，进行内蒙古自然资源承载力预警分析，发现内蒙古自然资源约束事实特征，为自然资源约束影响经济增长机制研究提供现实依据（第三章）。

研究经济增长中自然资源约束的作用机制。一方面分类考察自然资源约束对内蒙古经济增长的影响机制，将自然资源作为一种投入要素，纳入经济增长模型中，分别讨论不同自然资源总量限制对经济增长的作用；另一方面综合考察自然资源约束对内蒙古经济增长的影响机制，在梳理已有相关研究文献基础上提出四个命题，动态分析自然资源丰饶导致的对经济增长要素的吸引和控制，以及由此产生的结构型约束对经济增长的不同影响路径，为实证分析提供理论依据（第四章）。

实证分析自然资源约束对内蒙古经济增长的影响。分两部分，一是分类考察（第五章）。将自然资源作为一种要素投入，纳入不同的经济增长模型，利用历年内蒙古各盟市面板数据，分别讨论三种自然资源对经济增长的影响及其因总量有限导致的增长阻力大小，为探寻缓解资源约束的对策提供依据。二是综合考察（第六章）。本章主要通过检验第四章提出的命题，研究自然资源禀赋优势导致的对经济增长要素的吸引和控制，以及由此产生的资源结构型约束对经济增长的不同作用路径，对资源约束产生的原因做出解释，为破解自然资源约束的对策提供依据。

对本书得出的主要结论进行总结，并提出相应的政策建议，以缓解长期经济增长中的自然资源约束，促进经济持续增长（第七章）。

本书通过分析内蒙古自然资源承载力、自然资源约束影响经济增长的机制和实证检验自然资源约束对经济增长的影响分类考察和综合考察得出以下主要结论：

第一，从自然资源承载力分析发现：①内蒙古煤炭资源承载力从弱变强，总量限制短期约束不明显。②水资源承载力从弱变强，但水资源仍紧缺，水污染较重。从水资源承载力检测预警分析发现，人均水资源占有量指标在大多数年份处在红色预警线以下水平，表示内蒙古人均水资源量严重缺乏，水资源紧缺，成为制约经济社会可持续发展的"瓶颈"。水功能区水质达标率指标大多数年份处在红色预警区间，表示内蒙古水资源污染严重。③土地资源承载力从较低水平转变为较高水平，从土地资源承载力检测预警分析发现，无论是人均耕地面积还是城市人均建设用地面积，均未出现预警风险。其中，城市人均建设用地呈逐年增加现象，表示土地资源投入从乡村转向城市，在城镇化发展过程中需要合理分配土地资源城乡投入，在满足农业安全生产需求的基础上实现城市土地利用效率最大化。内蒙古生态用地面积（除了2018—2020年）呈下降趋势，从黄色预警区间逐渐向橙色预警区间靠近，反映内蒙古生态环境逐渐恶化的趋势从2018年开始扭转，近几年得到了修复和改善，但仍处在黄色预警区间内。④煤炭、水、土地资源结构影响三种自然资源综合承载能力，从自然资源间相互作用来看，2000—2012年内蒙古煤炭资源和水资源承载力虽然低下，但是由于土地资源承载力相对煤炭资源和水资源较高，所以在三种自然资源综合影响下，2000—2012年三种自然资源综合承载力水平比煤炭资源承载力水平要高，即土地资源承载力拉高了资源综合承载力；2013—2020年，虽然煤炭资源承载力首先急剧上升其后呈下降趋势，但是由于水资源和土地资源承载力相对提高得较快，尤其是水资源承载力从2000—2012年的最低变为2016—2018年的最高，在三种力量的综合作用下，2013—2020年综合承载力波动中提升，逐渐提升到较高承载力水平。

第二，从自然资源约束对经济增长的影响研究分类考察发现，三种自然资源投入对产出的弹性为正，表示三种自然资源对经济增长起到了积极的促进作用。即说明，资源利用能够推动经济增长，这也解释了为什么资源型地区经济快速增长的背后是资源的巨大消耗。

同时，自然资源投入对产出的正弹性，即二者的正相关关系，从另一方面说明了，在其他条件不变的情况下，自然资源的减少，如可耗竭资源的绝对减少和可再生资源的相对减少（可再生能力小于经济增长的需求）会导致产出的相应比例减少。资源减少对经济增长产生的负效应的原因主要是，资源数量（总量）的减少使得推动经济增长的要素供给减少，所以从长期来看，资源短缺最终将制约经济增长。从测算不同自然资源"增长阻力"发现，煤炭、水对经济增长产生的"增长阻力"大小分别为0.0069和0.00074；土地资源对农业部门和非农业部门经济产生的"增长阻力"大小分别为0.0019和0.025。这是经济体，尤其是资源型经济体都将面临自然资源的约束。但经济增长最终取决于技术进步、资源消耗率、再生率等因素共同作用。技术的进步，使得资源开采过程中减少资源浪费和环境污染，同时能够提高资源利用效率，从而缓解长期经济增长过程中的自然资源约束程度。

第三，从自然资源约束对经济增长的影响研究综合考察发现，首先，由于地区自然资源禀赋优势，对丰富自然资源的开采会推动地区短期经济增长；其次，由于地区自然资源禀赋优越和自然资源短期红利因素等影响，发展自然资源产业会吸引和控制经济增长要素，导致资源在不同产业间的分配结构不平衡，出现资源结构型约束，引起产业结构畸形，出现资源产业依赖现象；再次，自然资源产业依赖通过影响经济增长核心投入要素，如对教育投资活动、科学技术投资活动、制造业、水资源依赖产业产生"挤出效应",减弱上述指标对经济增长产生的应有的推动作用,不利于长期经济增长;自然资源依赖会在强化政府对经济的干预度的同时加大物质资本投资,通过物质资本投资实现经济的增长,这种粗放型经济增长模式不利于经济长期发展;同时,通过研究发现,内蒙古煤炭资源丰富而出现的煤炭资源产业依赖对水资源以及水资源环境和土地资源产生了显著的消极影响,并加大了水资源缺乏对土地资源产生的消极影响,从而对经济增长产生消极影响;最后,自然资源产业依赖通过上述传导路径,最终对长期经济增长产生消极影响。

在探索资源型地区资源约束影响经济增长的不同路径过程中,本书着重考虑了政府行为对不同路径产生的影响。通过分析发现,政府对经济的过度干预行为会对教育投入活动、科学技术投入活动、制造业发展、水资源丰裕度和土地资源产生消极影响。本书在实证分析中引入政府干预度指标与自然资源依赖指标的交乘项,发现在政府适度干预下,对自然资源的适度依赖有利于教育投入、科学技术投入、制造业发展、水资源和土地资源丰裕度的提高。这也反映了在政府适度干预下,资源型地区需要把资源型收益转向其他生产性资本,发挥自然资源优势,从自然资源中收益,成功避免自然资源诅咒现象,实现经济社会的长期稳定发展。

本书基于上述研究结果,分别从以下五个方面提出了缓解长期经济增长过程中自然资源约束,实现自然资源与经济协调发展的建议:①科学合理利用和开发资源;②提高技术创新能力,提高资源利用效率;③产业多样化发展,避免自然资源产业依赖,突破自然资源约束;④制度创新,合理分配"资源红利";⑤政府适度干预经济。

自然资源与经济增长关系研究是目前国际经济学领域研究的重要课题,学者们在这方面做了丰富的讨论,作者在充分吸收和借鉴已有研究成果的基础上，做了大量的研究和扩展。本书的创新主要体现在以下三个方面：

第一，在梳理已有相关自然资源承载力研究的基础上，构建考虑自然资源、生态环境、社会经济和人口发展四个维度的综合评价指标体系，分析内蒙古自然资源承载力状况。

第二，结合内蒙古实际情况，在分析土地资源对经济增长的影响时对罗默（Romer，2001）模型土地资源不变假设进行扩展，分别测算了土地资源约束对内蒙古城市和乡村经济的增长阻力。

第三，现有研究多从某一方面分析自然资源对经济增长的影响路径，如可耗竭资源开采对制造业、教育、投资以及储蓄等产生挤出效应，进而影响长期经济增长，忽视了自然资源开采活动与其他自然资源间的综合影响对经济增长产生的影响。本书结合内蒙古实际情况，认为对丰富的自然资源开采利用活动会吸引和控制经济增长要素，出现资源结构不平衡，对相关推动经济增长活动产生挤出效应。因此，本书在现有研究文献的基础上，依据"挤出效应"逻辑，提出假说命题，从动态角度探讨自然资源约束影响经济增长的路径。

本书的不足之处主要有以下三点：

第一，在测算不同自然资源约束对经济增长的阻力时，基于Nordhaus（1992）提出的"增长阻力"计算方法，对Romer（2001）模型进行扩展，采用Cobb-Douglas生产函数分析了资源约束。其中规模报酬不变等假设与现实情况存在差距。目前，大多数相关研究均采用此方法分析自然资源增长阻力，放松假设条件，构建与现实情况更符合的理论模型是值得探索的方向。

第二，在第六章构建多元线性回归模型，综合分析自然资源约束对经济增长的影响时，可能存在遗漏因素。由于经济增长的影响因素众多，本书在梳理已有研究文献基础上主要考虑了技术创新能力、物质资本投资、煤炭资源、水资源、土地资源、资源依赖度、制造业投入、基础设施建设水平、政府干预度等因素;未考虑政策、制度因素,这也是本书后续进一步研究的方向。

第三,本书将资源约束看作影响资源型地区经济增长主要变量,侧重研究自然资源对经济增长中的影响,未全面考虑技术创新、科技进步、制度、市场等要素共同作用时的区域经济增长演变过程,这也是本书要解决的问题之一。

Abstract

Economic growth theory is the theory that explains the laws of economic growth and the constraints that influence it. The drivers of economic growth are one of the main concerns of scholars. From natural resources, physical capital and labour, which were originally proposed in classical economics, to a series of factors such as technological progress, human capital and technological innovation mentioned in neoclassical and development economics are widely recognized. Of these, the natural resource element was the first mentioned by economists as the basis for economic growth. Although natural resources were not included in later classical models of economic growth theory, it still is treated as the material basis of economic growth. In mainstream economic growth models, factors such as capital, technology, human capital and institutions are the variables that influence economic growth. The problem of resources is interpreted as a problem of production costs, and natural resources are able to substitute each other or be replaced by other factors of production, thus natural resources are treated as exogenous variables. As the world's population expands, resources and energy are in short supply, the ecological environment deteriorates and social conflicts intensify, the harmonious development of resources and the environment has gradually become the consensus of the entire human race. And the study of the relationship between natural resource constraints and economic growth has become a topic of great interest in recent economic research. Although China has achieved rapid economic development and rapid increase in urbanization, the problem of resources and environment has become prominent, and the contradiction between economic growth and natural resource constraints has become more and more prominent. The Party Central Committee and the State Council attach great importance to the harmonious development of resources, environment and economy, and have written the construction of ecological civilisation into the report of the 18th Party Congress.

There is a more significant problem of transformation of resource-based regions in China. In recent years, resource-based regions such as Northeastern areas in China, Inner Mongolia, Shanxi, Gansu and Xinjiang have faced different degrees of difficulties in development and economic transformation due to factors such as a sharp decline in resource reserves, low international energy prices, supply-side structural reform and a shift in the economic development model from investment-driven to domestic demand-driven. Inner Mongolia is a typical resource-based region in China, with 26.24% of the country's coal reserves, making it the first resource-based region in China. Inner Mongolia has achieved rapid socio-economic development through the mining of coal resources, but at the same time, resource and environmental problems are becoming increasingly prominent. The waste of water resources and land resources associated with coal mining activities has become a serious problem as a result of the extensive exploitation of coal resources. In addition, the distribution of water resources in Inner Mongolia is very uneven in terms of region and time, and does not match the distribution of population and arable land, etc. Inner Mongolia's economic growth is subject to different constraints of natural resources. How to avoid over-exploitation and utilization of natural resources as well as natural resource constraints and achieve harmonious development of resources, environment and economy are important issues faced by resource-based regions. From these phenomena, clarifying the effects of natural resources in economic growth, understanding the types of natural resource constraints, exploring the ways in which natural resource constraints affect economic growth and analysing the relationship between natural resources and economic growth and addressing the challenges faced by resource-based regions in China are of great practical significance to the transformation of resource-based regions and the coordinated development of resources and the environment in China.

In view of this, this book takes Inner Mongolia, a coal resource-based region with abundant coal resources, lack of water resources and the largest grassland (arable land) area in China, as the research object. Coal resources, land resources and water resources are taken as the main research themes. From the perspective of natural resource constraints, a comprehensive evaluation system of natural resource carrying capacity is constructed, the carrying capacity of natural resources is analyzed, the constraints of different natural resources on economic growth are reviewed, the mechanism of natural resource constraints affecting economic growth is analysed, and relevant propositions are put forward. On the basis of sorting out the impact of different natural resource constraints on economic growth, natural resources are incorporated into the economic growth model and the impact of different natural resource constraints on economic growth is studied empirically. Using the findings, the book seeks ways to alleviate the natural resource constraints in the long-term economic growth of resource-based regions and proposes corresponding policy recommendations. The main work of this book is as follows:

Define and elaborate on the concepts related to natural resources and economic growth for the study of this book, and sort out the theoretical evolution of the relationship between natural resources and economic growth to provide a theoretical basis for the study of this book (Chapter 2).

Analyse the natural resource constraint situation in the economic growth of Inner Mongolia. By constructing a comprehensive evaluation index of natural resource carrying capacity and applying the entropy-weighted TOPSIS model, the three natural resource carrying capacities and the comprehensive carrying capacity of the three natural resources are analyzed. At the same time, relevant indicators are screened by combining the actual situation of land resources and water resources utilization in Inner Mongolia. Based on international, national and local resource management guidelines, industry standards or relevant research results, the threshold range of red, orange and yellow detection and warning indicators is divided. An early warning analysis of the natural resource carrying capacity of Inner Mongolia is conducted to discover the factual characteristics of natural resource constraints in Inner Mongolia and to provide a realistic basis for the study of the mechanism of natural resource constraints affecting economic growth (Chapter 3).

This study examines the mechanism of natural resource constraints in economic growth. On the one hand, the mechanism of natural resource constraints on economic growth in Inner Mongolia is examined in a categorical manner, and natural resources as an input factor is incorporated into the economic growth model to discuss the role of different total natural resource constraints on economic growth separately; On the other hand, a comprehensive examination of the mechanisms by which natural resource constraints affect economic growth in Inner Mongolia, based on a review of the existing relevant research literature, proposes four propositions and dynamically analyses the attraction and control of economic growth factors due to the abundance of natural resources, as well as the different impact paths of the resulting structural constraints on economic growth, to provide a theoretical basis for the empirical analysis (Chapter 4).

An empirical analysis of the impact of natural resource constraints on economic growth in Inner Mongolia. There are two parts, one is a disaggregated examination (Chapter 5). Natural resources are included as a factor input in different economic growth models. Using panel data from various leagues and cities in Inner Mongolia over the years, the impact of each of the three natural resources on economic growth and the magnitude of their resistance to growth due to limited aggregates are discussed to provide a basis for exploring countermeasures to alleviate resource constraints. The second is a comprehensive examination (Chapter 6). This chapter examines the attraction and control of factors of economic growth due to natural resource endowment advantages and the different pathways through which the resulting structural resource-based constraints act on economic growth by testing the propositions presented in Chapter 4. An explanation of the causes of the resource constraints is provided to justify countermeasures to break the natural resource constraints.

The main conclusions drawn in this book are summarised and corresponding policy recommendations are made to alleviate natural resource constraints in long-term economic growth and to promote sustained economic growth (Chapter 7).

The book draws the following main conclusions from a categorical and comprehensive examination of the analysis of Inner Mongolia's natural resource carrying capacity, the mechanisms by which natural resource constraints affect economic growth and an empirical examination of the impact of natural resource constraints on economic growth:

First, from the analysis of natural resources carrying capacity found that: (1) Inner Mongolia coal resources carrying capacity from weak to strong, the total limit of short-term constraints is not obvious. (2) The bearing capacity of water resources has changed from weak to strong, but water resources are still scarce and water pollution is heavy. From the early warning analysis of the water resources carrying capacity test, it is found that the per capita water resources possession index is below the red warning line in most years, which means that Inner Mongolia has a serious lack of water resources per capita. The shortage of water resources has become a "bottleneck" that restricts sustainable economic and social development. The indicator of water quality standards in water function zones is in the red warning zone in most years, which means that the water resources in Inner Mongolia are seriously polluted. (3) The carrying capacity of land resources has changed from a low level to a high level. From the analysis of the early warning of land resource carrying capacity testing, it was found that there was no early warning risk for either the arable land area per capita or the construction land area per capita in cities. Among them, urban construction land per capita has been increasing year by year, indicating a shift in land resource input from rural to urban areas. There is a need to reasonably allocate urban and rural inputs of land resources in the process of urbanisation and to maximise urban land use efficiency on the basis of meeting safe agricultural production needs. The area of ecological land in Inner Mongolia (except for 2018 – 2020) is on a downward trend, gradually approaching from the yellow warning range to the orange warning range, reflecting that the gradual deterioration of the ecological environment in Inner Mongolia has been reversed since 2018 and has been repaired and improved in recent years, but is still within the yellow warning range. (4) The structure of coal, water and land resources affects the comprehensive carrying capacity of the three natural resources. From the perspective of the interaction between natural resources, although the carrying capacity of coal resources and water resources in Inner Mongolia was low from 2000 to 2012, the carrying capacity of land resources was higher compared to coal resources and water resources, so under the combined influence of the three natural resources, the level of the combined carrying capacity of the three natural resources from 2000 to 2012 was higher than that of coal resources, i. e. the carrying capacity of land resources pulled up the The comprehensive bearing capacity of resources; From 2013 to 2020, although the bearing capacity of coal resources firstly increases sharply and then decreases, the bearing capacity of water resources and land resources increases relatively faster, especially the bearing capacity of water resources changes from the lowest in 2000 – 2012 to the highest in 2016 – 2018. Under the combined effect of the three forces, the combined carrying capacity fluctuates and increases from 2013 to 2020, gradually rising to a higher carrying capacity level.

Secondly, a categorical examination of the study of the impact of natural resource constraints on economic growth found that the elasticity of the three natural resource inputs to output was positive, indicating that the three natural resources played a positive role in promoting economic growth. That is, it shows that resource use can drive economic growth. This also explains why the rapid economic growth of resource-based regions is based on a huge consumption of resources.

At the same time, the positive elasticity of natural resource inputs to output, i.e. the positive correlation between the two, explains, on the other hand, that a reduction in natural resources, such as an absolute reduction in depletable resources and a relative reduction in renewable resources (renewable capacity less than the demand for economic growth) leads to a corresponding proportional reduction in output, all else being equal. The negative effect of reduced resources on economic growth is mainly due to the fact that a reduction in the quantity (total) of resources reduces the supply of factors that drive economic growth. In the long run, therefore, resource scarcity will ultimately constrain economic growth. From the measurement of the "growth resistance" of different natural resources, it is found that the size of the "growth resistance" of coal and water to economic growth is 0.0069 and 0.00074 respectively; the size of the "growth resistance" of land resources to the agricultural sector and the non-agricultural sector of the economy are 0.0069 and 0.00074 respectively. The size of the "resistance to growth" is 0.0019 and 0.025 for the agricultural and non-agricultural sectors respectively. This is the natural resource constraint that economies, especially resource-based economies, will face. However, economic growth ultimately depends on a combination of technological progress, resource consumption rates, and regeneration rates. Technological progress allows for a reduction in resource waste and environmental pollution in the extraction of resources, while increasing the efficiency of resource use, thus alleviating the degree of natural resource constraints in the long term economic growth process.

Thirdly, a comprehensive examination of the study of the impact of natural resource constraints on economic growth found: firstly, the exploitation of abundant natural resources drives short-term regional economic growth due to the superiority of regional natural resource endowments; Secondly, the development of natural resource industries will attract and control economic growth factors due to the superiority of regional natural resource endowments and the influence of short-term natural resource dividend factors, resulting in an unbalanced distribution structure of resources among different industries, bringing structural constraints on resources, causing industrial structure deformation and the phenomenon of resource industry dependence; Then, natural resource industry dependence affects the core input factors of economic growth, such as education investment activities, science and technology investment activities, manufacturing, and water-dependent industries, resulting in a "crowding-out effect". This can reduce the contribution of these indicators to economic growth and is detrimental to long-term economic growth; Natural resource dependence will increase physical capital investment while reinforcing government intervention in the economy. Natural resource dependence will strengthen the government's intervention in the economy and increase physical capital investment, which is not conducive to long-term economic growth; At the same time, it is found that the coal industry dependence, which is a result of the abundance of coal resources in Inner Mongolia, has a significant negative impact on water resources, as well as on the water environment and land resources, and increases the negative impact of the lack of water resources on land resources, thus negatively affecting economic growth; Finally, natural resource industry dependence ultimately has a negative impact on long-term economic growth through the transmission pathways described above.

In exploring the different pathways through which resource constraints affect economic growth in resource-based regions, this book focuses on the impact of government action on the different pathways. The analysis finds that excessive government intervention in the economy has a negative impact on education input activities, science and technology input activities, manufacturing development, water abundance and land resources. In the empirical analysis, a cross multiplier between the government intervention indicator and the natural resource dependency indicator is introduced, and it is found that under moderate government intervention, moderate dependency on natural resources is conducive to the increase of education input, science and technology input, manufacturing development, water resources and land resources abundance. This also reflects that under moderate government intervention, resource-based regions need to shift their resource-based returns to other productive capital, exploit their natural resource advantages, benefit from natural resources, successfully avoid the natural resource curse phenomenon and achieve long-term stable economic and social development.

Based on the results of the above-mentioned research, this book puts forward proposals to alleviate natural resource constraints in the process of long-term economic growth and achieve coordinated development of natural resources and the economy in the following five areas: (1) scientific and rational use and development of resources; (2) improvement of technological innovation and resource efficiency; (3) industrial diversification to avoid dependence on natural resource industries and break through the natural resource constraint; (4) institutional innovation and reasonable distribution of the "resource dividend"; and (5) moderate government intervention in the economy.

The study of the relationship between natural resources and economic growth is currently an important topic of research in the field of international economics, and scholars have made a rich discussion in this regard. The author has done a lot of research and extensions based on the existing research results. The innovation of this book is mainly reflected in the following three aspects:

Firstly, based on a review of the existing studies on the carrying capacity of natural resources, a comprehensive evaluation index system is constructed to analyse the carrying capacity of natural resources in Inner Mongolia, taking into account four dimensions: natural resources, ecological environment, socio-economic and population development.

Secondly, in the analysis of the impact of land resources on economic growth in Inner Mongolia, the assumption of constant land resources in Romer's (2001) model is extended to measure the resistance to growth of urban and rural economies in Inner Mongolia respectively.

Thirdly, existing studies have mostly analyzed the impact path of natural resources on economic growth from one aspect to another. For example, the exploitation of exhaustible resources has a crowding-out effect on manufacturing, education, investment and savings, which in turn affects long-term economic growth, ignoring the combined effects of natural resource exploitation activities and other natural resources on economic growth. This book takes into account the actual situation in Inner Mongolia and argues that the exploitation of abundant natural resources attracts and controls economic growth factors, resulting in an imbalance in the resource structure and a crowding-out effect on related activities that drive economic growth. Therefore, based on the existing research literature, this book proposes a hypothetical proposition based on the logic of the "crowding-out effect" to explore the pathways through which natural resource constraints affect economic growth from a dynamic perspective.

The main shortcomings of this book are the following:

Firstly, in measuring the resistance to economic growth due to different natural resource constraints, the Romer (2001) model is extended based on the "resistance to growth" calculation proposed by Nordhaus (1992). The Cobb-Douglas production function is also used to analyse the resource constraints. The assumptions such as constant returns to scale are not consistent with reality. Currently, most relevant studies use this method to analyse natural resource growth resistance. Relaxing the assumptions and constructing theoretical models that are more in line with the reality is a direction worth exploring.

Secondly, in Chapter 6, a multiple linear regression model is constructed to synthesize the factors that may have been missed when analysing the impact of natural resource constraints on economic growth. As there are many factors affecting economic growth, this book mainly considers factors such as technological innovation capability, physical capital investment, coal resources, water resources, land resources, resource dependency, manufacturing inputs, infrastructure construction level, and government intervention based on the existing research literature; Policy and institutional factors are not considered, and this is a direction for further research in this book.

Thirdly, this book considers resource constraints as the main variable affecting the economic growth of resource-based regions and focuses on the impact of natural resources on economic growth. It does not fully consider the evolution of regional economic growth when technological innovation, scientific and technological progress, institutions, markets and other factors come together, and this is one of the issues that this book addresses.

目　录

第一章　导论 …………………………………………………（1）
　第一节　研究背景 …………………………………………（1）
　第二节　研究目的和意义 …………………………………（3）
　第三节　研究方法与逻辑结构 ……………………………（5）
　第四节　主要内容与研究框架 ……………………………（8）
　第五节　研究创新点与不足 ………………………………（11）

第二章　基础理论与文献综述 ………………………………（14）
　第一节　概念界定 …………………………………………（14）
　第二节　理论基础 …………………………………………（19）
　第三节　文献综述 …………………………………………（29）

第三章　内蒙古经济增长中自然资源承载力评价 …………（44）
　第一节　熵权 TOPSIS 模型构建 …………………………（45）
　第二节　内蒙古煤炭资源承载力评价及约束分析 ………（47）
　第三节　内蒙古水资源承载力分析及约束评价 …………（56）
　第四节　内蒙古土地资源承载力评价及约束分析 ………（65）
　第五节　内蒙古煤炭资源、水资源和土地资源综合
　　　　　约束分析 …………………………………………（73）
　第六节　本章小结 …………………………………………（80）

第四章 内蒙古自然资源约束影响经济增长的机制分析 …… （84）
 第一节 内蒙古自然资源约束影响经济增长机制分析：
     分类考察 ……………………………………………… （84）
 第二节 内蒙古自然资源约束影响经济增长机制分析：
     综合考察 ……………………………………………… （92）
 第三节 本章小结 ……………………………………………… （98）

第五章 自然资源约束对内蒙古经济增长影响的实证研究：
    分类考察 ……………………………………………… （100）
 第一节 煤炭资源对内蒙古经济增长的影响研究 ………… （100）
 第二节 水资源对内蒙古经济增长的影响研究 …………… （105）
 第三节 土地资源对内蒙古经济增长的影响研究 ………… （110）
 第四节 本章小结 ……………………………………………… （121）

第六章 自然资源约束对内蒙古经济增长影响的实证研究：
    综合考察 ……………………………………………… （123）
 第一节 模型设定 ……………………………………………… （123）
 第二节 研究样本、数据来源和指标数据 ………………… （125）
 第三节 实证检验及结论分析 ………………………………… （129）
 第四节 本章小结 ……………………………………………… （142）

第七章 主要结论、对策建议与研究展望 …………………… （145）
 第一节 主要结论 ……………………………………………… （145）
 第二节 对策建议 ……………………………………………… （152）
 第三节 研究展望 ……………………………………………… （157）

主要参考文献 …………………………………………………… （158）
致谢 ……………………………………………………………… （174）

第一章 导论

第一节 研究背景

工业革命以来,随着科学的发展和技术的不断创新,人类对大自然的改造能力不断提高,创造了巨大财富。生产活动需要各种投入要素,自然资源同资本、劳动和人力资本要素一样,在经济社会发展中发挥着重要的作用。自然资源对经济增长的作用可以通过技术水平的提高而得到改善。

但随着社会经济的快速发展,人与自然的矛盾日益突出。20世纪60年代,资源枯竭和环境恶化等全球性问题频发,唤醒了人们对人类经济活动与生态环境和谐共处的重视。如何避免自然资源过度开发利用、防治环境污染、实现资源环境与经济社会协调发展是人类面临的重要问题。在全球化浪潮下,21世纪以来,我国实现了经济的快速发展,在其背后是对能源的巨大消费。改革开放以来我国能源消费量年均增速高达6%以上,其中煤炭消费量占能源消费量的70%以上。长期以来,煤炭资源作为基础能源,是我国主要生产能源和重要工业原料。在我国一次能源结构中,煤炭将长期是主体能源。《煤炭工业发展"十三五"规划》指出,我国仍处于工业化、城镇化加快发展的历史阶段,能源需求总量仍有增长空间(国家发展改革委、国家能源局,2016)。随着工业化和城镇化进程的不断深入，资源短缺状况也越发加剧。促进自然资源有效利用，缓解资源约束，是实现我国资源环境与经济协调发展、构建和谐社会的关键所在。我国地大物博、自然资源蕴藏量丰富，但由于我国人口众多，自然资源的人均资源占有量相对较少，加之自然资源开发利用过程中的不合理开采与利用，造成严重的资源浪费与环境污染现象，导致资源短缺和利用效率低的矛盾十分明显（宋马林和张宁，2016）。在我国资源型地区，这些问题尤为突出。

内蒙古作为我国典型的资源型地区，其经济社会活动对自然资源的依赖和受自然资源约束程度强。内蒙古自治区煤炭保有储量居全国第一位，作为我国煤炭资源最丰富的地区，通过煤炭资源的开采实现了经济快速发展。1996—2016 年内蒙古人均 GDP 从 4457 元增加到 74069 元，增加了 15.6 倍；煤炭资源消费量从 5800 万吨增加到 36675 万吨，增加了 5.3 倍。随着煤炭资源开采量的增加，内蒙古也出现了一系列的资源环境问题。根据内蒙古自治区国土资源厅 2016 年 4 月公布的《内蒙古自治区地质环境公报 2015 年度》，全区发育地质灾害隐患点 2387 处，主要类型为崩塌和地面塌陷，而地质灾害发生的主要原因是采矿业的发展；各监测区已形成的降落漏斗（过量开采地下水资源引起地下水位大幅下降，在地下水面形成区域性漏斗状凹面的现象）有 9 个；矿业开发占用破坏土地资源在全区各类矿山普遍存在，但以开发强度大、矿山数量多的煤矿尤为突出。截至 2015 年底，全区矿山开采累计占用、损毁土地面积 $18.35 \times 10^4 hm^2$，较 2014 年底同比增加 0.05%。[①] 煤炭资源开采活动与水资源和土地资源密切相关，在煤矿开采区，除煤炭资源被开采利用外，水和土地资源往往受到影响。自然资源为经济持续增

---

① 内蒙古自治区自然资源厅：《内蒙古自治区地质环境公报 2015 年度》，2016 年 4 月，第 3 页。

长提供了基础和条件，同时经济增长对资源环境产生负面影响，而资源环境恶化反过来限制经济增长。可见资源有效利用问题已经成为制约地区经济增长的因素，如何进行自然资源科学预警、探索自然资源约束对经济增长的影响机制并破解资源约束，是实现我国资源型地区经济长期稳定增长亟须解决的问题。

我国资源约束趋紧，环境污染严重，解决资源环境与经济协调发展、促进生态文明建设已成为迫在眉睫的现实需要。内蒙古作为我国典型的资源型地区，在新的发展时期，如何进行自然资源科学预警、破解资源约束、实现经济长期稳定增长，适应把握引领经济发展新常态，不仅是内蒙古经济发展的焦点和难点，同时也是全国资源环境与经济协调发展的重大问题。

第二节 研究目的和意义

一 研究目的

本书基于上述现实背景，紧紧围绕"自然资源约束对资源型地区经济增长的影响"这一研究主题，分析自然资源承载力，评述不同自然资源对经济增长的约束状况，分析自然资源约束影响经济增长的机制，探索自然资源约束对经济增长的不同影响路径，寻求区域经济可持续增长途径。

关于自然资源约束与经济增长的相关研究，主要集中在自然资源"增长阻力"和"资源诅咒"两个方面。"增长阻力"研究主要以 Nordhaus（1992）提出的测算方法，集中研究了土地资源和水资源对经济产生的"增长阻力"大小。鲜有文献关注经济发展过程中土地资源利用结构的变化。少有人研究土地资源城乡利用结构变化过程中土地资源分别对农村和城镇地区经济产生的"增长阻力"。"资源诅咒"研究多从某一方面分析自然资源对经济增长的影响路径，如可耗竭资源开采对制造业、教育、投资以及储蓄等产生挤出效应，进而影响长期经济增长，忽视了自然资源开采活动与其他自然资源间的综合作用对经济增长产生的影响。笔者认为，在资源环境问题突出的当今时代，以资源型地区为研究对象，分析自然资源承载力、测度自然资源约束程度、探索自然资源约束对经济增长的不同影响路径，对解决资源与经济协调发展问题及实现区域经济长期稳定增长具有重要的现实和长远意义。

二　研究意义

内蒙古作为我国典型资源型地区，相对于一般地区，其社会经济活动对自然资源的依赖和受自然资源约束程度较强。探讨自然资源约束下地区经济增长问题，不仅对资源型地区积极转变发展方式、适应把握引领经济发展新常态有意义，而且对我国处理好资源环境与经济协调发展问题，从而开创生态文明发展的新时代具有理论意义和现实意义。

在理论意义方面，首先，本书结合环境经济学和主流经济学相关理论，构建了自然资源约束与经济增长关系研究框架。主流经济学从古典经济学到新古典经济学，从哈罗德—多马经济增长模型到索洛经济增长模型和新增长理论，资源不是影响经济增长的决定性因素，技术进步可以替代资源要素，对经济增长问题持乐观态度。而古典学派时期的重农学派代表人物杜尔哥提出的报酬递减原理、李嘉图的资源相对稀缺观点到新古典学派时期庇古研究的资源最优配置问题，部分学者意识到资源环境对经济增长中的重要性，对经济增长的前景持悲观态度。20 世纪 80 年代后期，内生经济增长理论的兴起以及一系列全球环境问题恶化再度引发经济学界对资源环境约束问题的关注。本书基于已有研究文献，把自然资源纳入经济增长模型中，分析自然资源对经济增长的影响。其次，从分类和综合角度，分别分析了自然资源约束对经济增长的影响机制和路径。再次，本书在已有自然资源承载力研究文献的基础上，构建了包含自然资源、生态环境、社会经济和人口复合系统综合评价指标体系，分析自然资源承载力，明晰区域未来发展趋势与发展潜力。最后，现有研究多从某一方面分析自然资源对经济增长的影响路径，如可耗竭资源开采对制造业、教育、投资以及储蓄等产生挤出效应，进而影响长期经济增长，忽视了自然资源开采活动与其他自然资源间的综合作用对经济增长产生的影响。本书将自然资源禀赋优越导致的资源结构不平衡问题纳入资源型地区自然资源对经济增长影响机制的分析框架内，分析自然资源对经济增长的不同影响机制，提出相关假说命题，并利用历年数据对假说命题进行实证检验。

在现实意义方面，首先，本书分析内蒙古自然资源承载力，并对部分指标进行承载力预警分析，明确内蒙古自然资源约束实际情况和特征，为内蒙古经济未来发展趋势与发展潜力判断提供参考依据，对实现社会经济可持续增长具有积极的现实意义。其次，本书对内蒙古自然资源约束对经济增长的影响进行分类考察，测度不同自然资源对内蒙古经济的增长阻力，为如何破解自然资源约束，实现经济新增长点提供依据。最后，本书对内蒙古自然资源约束对经济增长影响进行实证分析综合考察，探索自然资源影响经济增长的不同路径，为内蒙古有关部门制定合理政策、缓解经济可持续增长过程中的自然资源约束具有现实意义。

第三节　研究方法与逻辑结构

一　研究方法

本书使用的研究方法包括描述统计和对比分析法、归纳和演绎分析法、实证研究法。

(一) 描述统计和对比分析法

本书将在第三章分析内蒙古自然资源承载力时运用描述统计分析方法，结合熵权法和 TOPSIS 模型，建立熵权 TOPSIS 评价模型，分别测算 2000—2016 年煤炭资源、水资源和土地资源承载力与理想值之间的距离，描述三种不同自然资源承载力变化趋势，并对部分指标设定预警阈值，动态刻画自然资源约束现状。

(二) 归纳和演绎分析法

本书从自然资源"短缺"和"丰富"对经济增长的影响两个角度梳理相关研究文献，归纳出资源型地区自然资源影响经济增长的路径。在归纳法得出已有研究文献总结的一般规律基础上，采用演绎法，以内蒙古这种煤炭资源丰富和水资源缺乏集一身的特殊地区为研究对象，通过理论解释和数理模型构建说明自然资源约束对内蒙古经济增长的影响机制和路径。

(三) 实证研究法

本书在通过归纳和演绎得出的理论模型与相关假设命题基础上，运用实证分析方法进行检验。本书第五章主要借鉴 Romer (2001) 的土地与自然资源"增长阻力"理论作为基础，并对其模型进行扩展，运用内蒙古改革开放以来不同时期面板数据，采用普通最小二乘 (OLS) 分析法、加权最小二乘法 (WLS) 和面板固定效应模型分析方法，估算出煤炭资源、水资源和土地资源限制对内蒙古经济的"增长阻力"，测度自然资源约束对经济增长的作用大小。本书第六章在梳理已有文献的基础上，构建多元线性回归模型，利用内蒙古各盟市 2000—2016 年面板数据，分别检验假说命题，验证自然资源约束对经济增长的影响机制，并实证分析自然资源影响经济增长的不同路径。

二 研究思路

本书在分析内蒙古自然资源承载力、描述内蒙古经济增长约束现状的基础上，从自然资源约束对内蒙古经济增长影响的分类考察和综合考察两个方面开展研究。

首先，对内蒙古自然资源承载力进行分析，测度自然资源承载力与理想值间的贴近度。测度自然资源承载力内容主要包括两个内容：第一，对单一自然资源承载力进行综合分析，分别分析煤炭资源、水资源和土地资源承载力与理想值间的贴近度，描述自然资源约束现状；第二，对自然资源综合承载力进行分析，描述自然资源约束现状。

其次，对自然资源约束对经济增长影响机制和路径进行逻辑分析。自然资源约束的表现形式主要有两种：一种是从稀缺角度出发，自然资源的短缺对经济增长产生影响。由于不可再生资源总量在满足不断增长的人类生活生产活动需求的过程中不断减少，自然资源无节制的开发会加快不可再生自然资源枯竭的速度，导致未来自然资源供给与需求间出现缺口，影响社会经济的持续稳定增长。可再生资源总量在消费需求大于再生能力情况下同样出现总量减少，进入不可持续状态（樊杰等，2015）。另一种是从自然资源禀赋优越角度出发，分析自然资源的优越对经济增长产生的影响。由于自然资源禀赋优越，从而自然资源产业吸引和控制经济增长要素，导致要素结构变化，出现产业结构畸形，影响社会经济的持续稳定增长。

最后，在描述内蒙古自然资源约束现状的基础上结合自然资源约束对经济增长的影响机制和路径分析，对自然资源约束影响内蒙古经济增长进行实证研究，验证资源型地区自然资源约束作用，探索突破自然资源约束的途径。

本书的研究思路图如 1-1 所示。

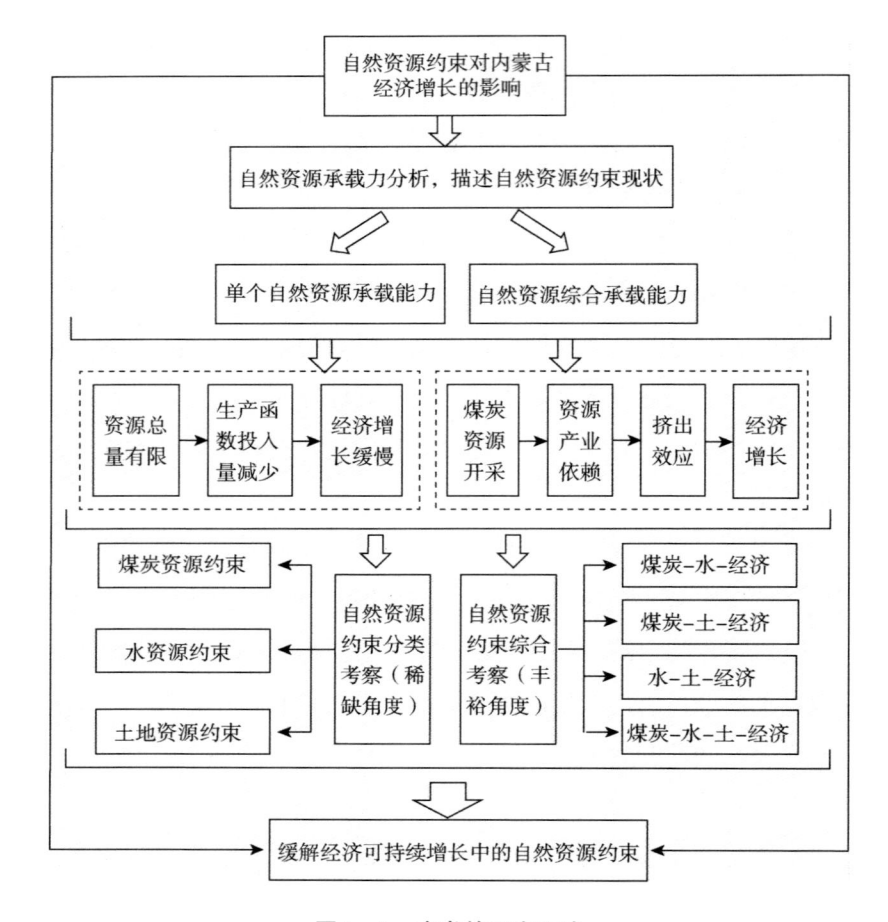

图 1-1 本书的研究思路

第四节 主要内容与研究框架

一 主要内容

本书通过理论机制分析与实证分析，研究自然资源约束对内蒙古经济增长的影响。本书具体章节安排如下：

第一章：导论。介绍自然资源约束对内蒙古经济增长影响的选题背景、研究目的和意义、研究方法与研究思路、主要研究内容与研究框架以及本书的创新和不足。

第二章：基础理论与文献综述。本章首先对自然资源和自然资源约束进行概念界定。其次，分析相关理论，包括承载力理论、系统资源约束理论和经济增长理论，为后文机制分析、实证研究以及对策建议的提出提供理论依据。最后，本书梳理了自然资源短缺对经济增长的阻力、自然资源丰裕对经济增长的影响以及自然资源约束下内蒙古经济增长的研究文献，系统分析了自然资源影响经济增长的机制和不同路径。

第三章：内蒙古经济增长中自然资源承载力评价。本章结合熵权法和TOPSIS模型，建立熵权TOPSIS模型，并构建了自然资源、生态环境、社会经济和人口符合系统综合评价指标体系，分别分析了内蒙古煤炭资源、水资源、土地资源以及三种自然资源综合承载力；并运用部分指标进行了承载力预警分析，探索出现资源约束的阈值。描述自然资源约束情况，明晰内蒙古未来经济发展趋势和发展潜力，为后面自然资源约束与内蒙古经济增长之间的关联效应分析、实现内蒙古经济长期稳定增长的政策启示提供现实依据和基础铺垫。

第四章：内蒙古自然资源约束影响经济增长的机制分析。首先，从自然资源稀缺角度出发，基于Nordhaus（1992）提出的"增长阻力"计算方法，对Romer（2001）模型进行扩展，采用Cobb-Douglas生产函数，推导煤炭资源和水资源限制对经济增长产生的阻力方程，为本书第五章的煤炭资源对内蒙古经济增长影响研究和水资源对内蒙古经济增长影响研究提供理论支撑；同时，本章在RCK模型的基础上，试图建立土地利用结构的两部门非均衡增长模型，提出土地要素对内蒙古经济增长作用的分析框架，以期分析土地要素对经济增长存在的"贡献"和"阻力"（不同于传统的"增长阻力"）效应机制，并在 Romer（2001）经济增长模型的基础上，推导农业部门和非农业部门土地资源限制对内蒙古经济增长的阻力方程，为第五章的土地资源对内蒙古经济增长影响研究提供理论依据。其次，从自然资源禀赋优越角度出发，在现有研究文献的基础上，针对内蒙古实际情况，以煤炭资源为主线，考虑煤炭资源开采活动密切相关的水资源和土地资源，依据"挤出效应"逻辑，提出假说命题，探讨资源型地区自然资源综合作用对经济增长的影响，为本书第六章实证研究提供验证依据。

第五章：自然资源约束对内蒙古经济增长影响的实证研究：分类考察。首先，主要借鉴 Romer（2001）扩展的土地与自然资源"增长阻力"理论，用内蒙古改革开放以来不同时期时间序列和面板数据，用普通最小二乘（OLS）分析法、加权最小二乘分析法（WLS）和面板固定效应模型分析方法，估算出煤炭资源、水资源和土地资源限制对内蒙古经济的"增长阻力"，分析自然资源约束对经济增长的作用。其次，本章结合内蒙古实际情况，从土地资源利用结构变化视角，试图对 Romer（2001）模型假设进行修正，分别分析了土地资源对内蒙古城镇地区和乡村地区经济的增长阻力。

第六章：自然资源约束对内蒙古经济增长影响的实证研究：综合考察。本章构建多元线性回归模型，利用内蒙古各盟市 2000—2016 年面板数据，分别对第四章提出的假说命题进行实证分析，验证自然资源影响经济增长的不同路径。

第七章：主要结论、对策建议与研究展望。本章在总结全书研究结论和观点的基础上，结合相关理论，讨论了相应的对策建议，并对未来研究做进一步展望。

二 研究框架

本书首先在总结和简要评述相关文献的基础上，对自然资源约束影响经济增长的机制和路径进行理论分析。其次，从自然资源稀缺角度，在已有研究文献的基础上测度自然资源约束对内蒙古经济的增长阻力，分类考察自然资源约束对经济增长的作用。再次，从自然资源禀赋优越角度，建立多元线性回归模型，利用内蒙古各盟市面板数据，对机制研究部分提出的假说命题进行验证，综合考察自然资源约束对经济增长的作用，探索自然资源影响经济增长的不同路径。最后，依据研究结论提出缓解经济可持续增长过程中的自然资源约束的相关政策建议。

本书的研究框架如图 1-2 所示。

第五节 研究创新点与不足

一 研究创新点

本书的创新主要体现在以下三个方面：

第一，在梳理已有相关自然资源承载力研究的基础上，构建考虑自然资源、生态环境、社会经济和人口发展四个维度的综合评价指标体系，分析内蒙古自然资源承载力状况。

第二，结合内蒙古实际情况，在分析土地资源对经济增长影响时，对 Romer（2001）模型土地资源不变假设进行扩展，分别测算了土地资源约束对内蒙古城市和乡村经济的增长阻力。

第三，现有研究多从某一方面分析了自然资源对经济增长的影响路径，如可耗竭资源开采对制造业、教育、投资以及储蓄等产生挤出效应，进而影响长期经济增长，忽视了自然资源开采活动与其他自然资源间的综合影响对经济增长产生的影响。本书结合内蒙古

```
┌─────────┐     ┌──────────┐     ┌─────────────────────────┐
│ 问题提出 │ ──▶ │ 第一章   │ ──▶ │ 研究背景与意义、主要研究 │
│         │     │ 导论     │     │ 内容、研究方法、创新点   │
│         │     │          │     │ 和不足                   │
└─────────┘     └──────────┘     └─────────────────────────┘

┌─────────┐     ┌──────────────┐     ┌──────────────────────┐
│         │ ──▶ │ 第二章        │ ──▶ │ 概念界定、理论基础和 │
│         │     │ 基础理论与    │     │ 文献综述及简要评述   │
│         │     │ 文献综述      │     │                      │
│ 理论分析 │     ├──────────────┤     ├──────────────────────┤
│         │ ──▶ │ 第三章        │ ──▶ │ 通过自然资源承载力   │
│         │     │ 内蒙古经济增长 │     │ 分析,描述自然资源   │
│         │     │ 中自然资源承载 │     │ 约束现状            │
│         │     │ 力评价        │     │                      │
│         │     ├──────────────┤     ├──────────────────────┤
│         │ ──▶ │ 第四章        │ ──▶ │ 建立经济增长模型,   │
│         │     │ 内蒙古自然资源 │     │ 推导计算增长阻力等   │
│         │     │ 约束影响经济增 │     │ 式;通过梳理已有研究 │
│         │     │ 长的机制分析  │     │ 文献,提出4个假说   │
│         │     │               │     │ 命题,分析自然资源   │
│         │     │               │     │ 影响经济增长路径    │
└─────────┘     └──────────────┘     └──────────────────────┘

┌─────────┐     ┌──────────────┐     ┌──────────────────────┐
│         │ ──▶ │ 第五章        │ ──▶ │ 借鉴罗默(2001)经济 │
│         │     │ 自然资源约束对 │     │ 增长模型,分别测算   │
│         │     │ 内蒙古经济增长 │     │ 煤炭资源、水资源、   │
│ 实证分析 │     │ 影响的实证研究:│    │ 土地资源增长阻力    │
│         │     │ 分类考察      │     │                      │
│         │     ├──────────────┤     ├──────────────────────┤
│         │ ──▶ │ 第六章        │ ──▶ │ 构建多元线性回归模型,│
│         │     │ 自然资源约束对 │     │ 对提出的4个假说命题 │
│         │     │ 内蒙古经济增长 │     │ 进行实证检验        │
│         │     │ 影响的实证研究:│    │                      │
│         │     │ 综合考察      │     │                      │
└─────────┘     └──────────────┘     └──────────────────────┘

┌─────────┐     ┌──────────────┐     ┌──────────────────────┐
│ 解决问题 │ ──▶ │ 第七章        │ ──▶ │ 总结全书分析结论与   │
│         │     │ 主要结论、对策 │     │ 观点,提出相关对策   │
│         │     │ 建议与研究展望 │     │ 建议,并对未来研究做 │
│         │     │               │     │ 进一步展望          │
└─────────┘     └──────────────┘     └──────────────────────┘
```

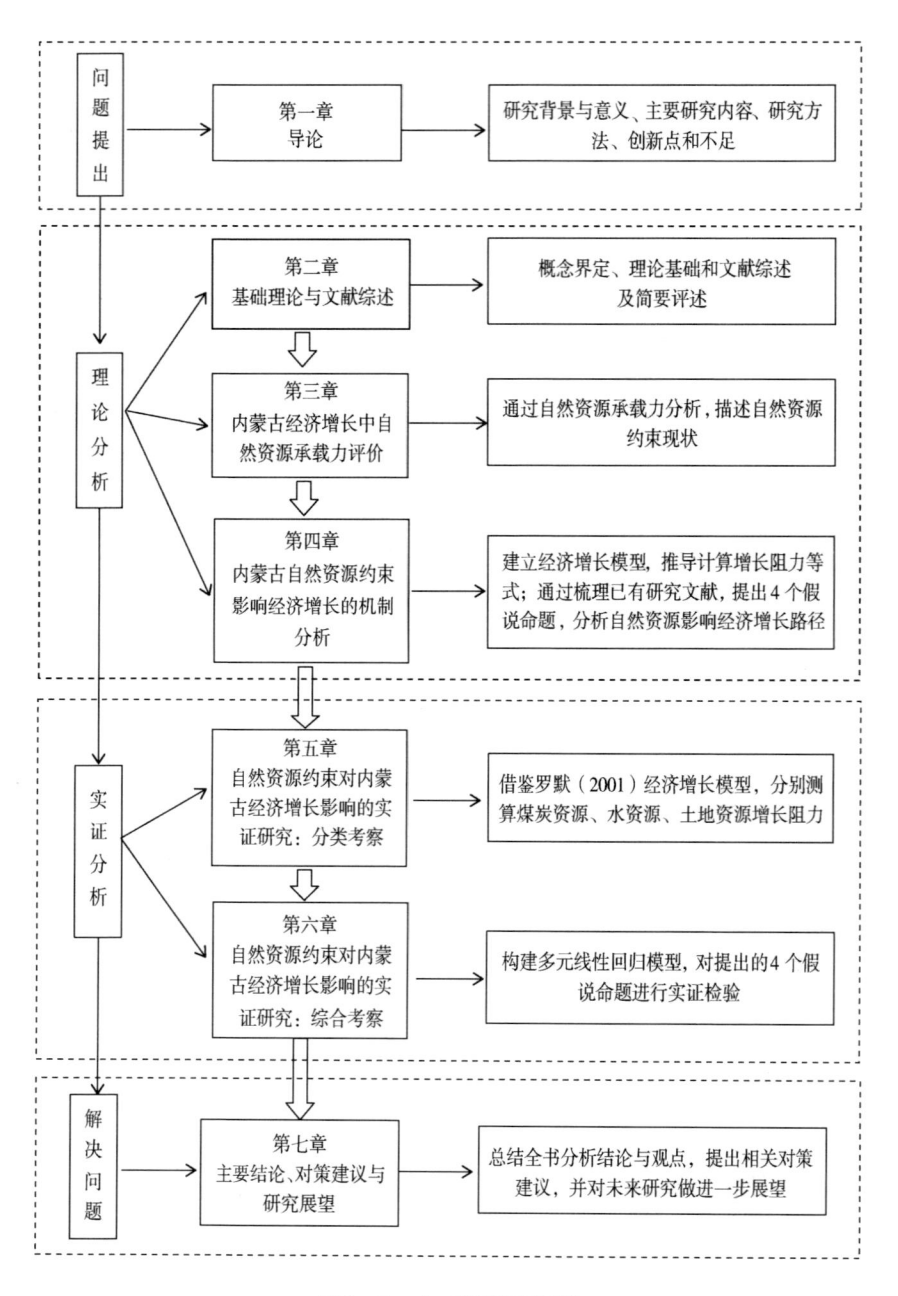

图 1-2　本书的研究框架

实际情况，认为对丰富的自然资源开采利用活动会吸引和控制经济增长要素，出现资源结构不平衡，对相关推动经济增长活动产生挤出效应。因此，本书在现有研究文献的基础上，依据"挤出效应"逻辑，提出假说命题，从动态角度探讨自然资源约束影响经济增长的路径。

二 研究不足

本书的不足之处主要有以下三点：

第一，在测算不同自然资源约束对经济增长的阻力时，基于Nordhaus（1992）提出的"增长阻力"计算方法，对Romer（2001）模型进行扩展，采用Cobb-Douglas生产函数分析了资源约束。其中规模报酬不变等假设与现实情况存在差距。目前，大多数相关研究均采用此方法分析自然资源增长阻力，放松假设条件，构建与现实情况更符合的理论模型是值得探索的方向。

第二，在第六章构建多元线性回归模型，分析资源约束对经济增长的影响时，可能存在遗漏因素。由于经济增长的影响因素众多，本书在梳理已有研究文献的基础上主要考虑了技术创新能力、物质资本投资、煤炭资源、水资源、土地资源、资源依赖度、制造业投入、基础设施建设水平、政府干预度等因素；未考虑政策、制度因素，这也是本书后续研究的方向。

第三，本书将资源约束看作影响资源型地区经济增长的主要变量，侧重研究自然资源对经济增长的影响，未全面考虑技术创新、科技进步、制度、市场等要素共同作用时的区域经济增长演变过程，这也是本书有待解决的问题之一。

第二章 基础理论与文献综述

第一节 概念界定

一 资源与自然资源

资源是一个涉及经济、社会、政治、科学技术、法律等诸多领域的概念，在不同的研究领域，资源有着不同程度的内涵和外延，一般来说，资源是指一切被人类开发和利用的物质、能量和信息的总称。就资源的外延而论，可以分为广义和狭义两个层次：从广义上来讲，资源包括社会资源、经济资源、人力资源、自然资源等；从狭义上来讲，资源仅指自然资源。本书中的资源专指自然资源。

自然资源，指天然存在的自然物，不包括人类加工制造的原料，如土地资源、矿产资源、水力资源、生物资源、海洋资源等，是生产的原料来源和布局的场所（夏征农、陈至立，2010）。联合国环境规划署将自然资源定义为：在一定时间和地点下能产生经济价值，并提高人类当期和未来福利的自然环境因素和条件，包括矿产资源、土地资源、水资源、生物资源、气候资源和海洋资源等。自然资源是一个庞大的集合名词，内涵广泛。自然资源作为人类生存与发展的基础，是一切可供人类利用的自然物质和自然能量的总体。随着社会经济的快速发展，物质和能量的消耗加速，出现了一系列资源环境问题，致使学者们将自然资源作为重要的研究对象。由于学科特点和研究目的的不同，各个学科研究自然资源的侧重点不同，对自然资源的定义也不尽相同。

本书所指的自然资源，主要指煤炭资源、土地资源和水资源三种自然资源。

（一）煤炭资源

煤炭资源是矿产资源的一种。矿产资源是指经过一定的地质作用形成的，赋存于地壳内或地壳上的固态、液态或气态物质，就其质量和数量而言，在当前或可以预见的将来，它们能成为经济上可以开采、提取和利用的矿产品（吴郭泉，2007）。本书所指的煤炭资源为内蒙古地区到目前为止所探明的煤炭资源保有储量。

（二）水资源

根据世界气象组织和联合国教科文组织有关水资源的定义，水资源是指可利用或有可能被利用的水源，这个水源应具有足够的数量和合适的质量，并满足某一地方在一段时间内具体利用的需求。有学者认为水资源是指目前技术和经济条件下，比较容易被人类利用的补给条件好的那部分淡水量，包括湖泊淡水、土壤水、大气水和河川水等淡水量（戚春林，2008）。也有学者认为，水资源指可供人类直接利用，能不断更新的天然淡水，主要指陆地上的地表水和地下水（李开孟和张小利，2010）。本书所述的水资源是指内蒙古地表水和地下水的总和。

（三）土地资源

Romer（2001）在 *Advanced Macroeconomics* 一书建立的生产函数理论模型中增加了土地要素和自然资源，其假设中阐述土地资源是"地球上的所有土地"。依据上述基本概念，本书中所述的土地资源是指内蒙古地区可利用的所有土地。

二 资源型地区

资源型地区是以本地区矿产、森林等自然资源开采、加工为主导产业的地区。[①] 本书认为，资源型地区是指在国际分工或者区域分工当中承担着向其他地区提供资源型产品或其简单加工制成品的地区，并主要发展围绕资源开发而建立的采掘业和初级加工业。

三 自然资源约束

目前，国内外一些学者认为，自然资源约束是区域经济体在发展过程中受到的有限资源、储量不足的资源、品质不佳资源等的影响。自然资源是人类经济社会发展的物质基础，从可持续发展角度来看，自然资源可以划分为可再生资源和不可再生资源（Owen，1985）。概而论之，不可再生资源总量在满足不断增长的人类生活生产活动需求过程中不断减少，自然资源的无节制开发会加快不可再生自然资源枯竭的步伐，导致未来自然资源供给与需求间出现缺口，影响社会经济的持续稳定增长；可再生资源总量在消费需求大于再生能力情况下同样出现总量减少，进入不可持续状态（樊杰等，2015）。自然资源约束的表现形式为：一是短期内经济社会发展面临的国内外资源供应紧缺；二是国内外资源供给对长远发展所形成的潜在约束（钟若愚，2009）。已有研究主要从自然资源稀缺角度，阐述数量控制型资源约束，讨论自然资源的短缺对经济增长产生的影响，而忽视自然资源富裕导致的结构控制型资源约束，即自然资源禀赋优越，从而自然资源产业吸引和控制经济增长要素，导致要素结构变化，出现产业结构畸形，对经济增长产生影响。

---

① 参见《国务院关于印发全国资源型城市可持续发展规划（2013—2020 年）的通知》，2013 年 11 月。

结合上述分析，本书把自然资源约束概念界定为，经济社会发展过程中，由于自然资源供给减少、质量下降、开发利用难度提高引起的资源稀缺对社会经济发展的约束和自然资源禀赋优越诱发的产业结构畸形对社会经济发展形成的制约。自然资源短缺引发的约束表现形式为：一是短期内经济社会发展面临的国内外资源供应紧缺；二是国内外资源供给对长远发展所形成的潜在约束。而自然资源禀赋优越引发的约束表现形式为：一是自然资源产业依赖；二是产业结构畸形。

本书在分析内蒙古自然资源约束现状评述和自然资源作用于经济增长的机制分析中用到了以下术语，具体概念界定如下。

（一）自然资源丰富度

资源丰富度指的是一个国家对地下财富或矿产、石油和天然气的储量。邵帅和杨莉莉（2010）和邵帅等（2013）也对自然资源丰富度和自然资源依赖度两个概念进行了划分和定义，认为自然资源丰富度是经济发展中可利用的自然资源数量。对于跨国数据研究文献，自然资源的丰富程度倾向于用人均自然资源资本来衡量。对于单个国家或者跨省数据研究文献，一般用人均资源占有量、地均资源占有量和绝对资源占有量来衡量自然资源丰富度。

（二）自然资源依赖度

资源依赖是指一个国家对资源收入的依赖程度（Brunnschweiler and Bulte，2008）。自然资源依赖度可以说是资源产业依赖度，自然资源依赖度是一个国家或地区经济对自然资源的依赖程度，这种依赖主要体现在资源型产业对区域经济产业结构、就业结构、技术进步水平、发展速度和方向等方面的重要程度和影响强度上（邵帅等，2013）。对于跨国数据而言，自然资源的依赖程度则倾向于用自然资源出口与国内生产总值（GDP）之比来衡量（Sachs and Warner，1995；Van der Ploeg，2011；Boschini et al.，2013）。对于单个国家或者跨省数据研究文献，以资源产业从业人数占全部从业人数的比重、采掘业固定资产投资占固定资产投资总额比重以及初级产品部门产值占 GDP 的比重等来衡量自然资源依赖程度（邵帅等，2013）。

（三）"增长阻力"

Nordhaus 等（1992）首次提出了"增长阻力"（Growth Drag）一词，并测算了自然资源限制对经济增长产生的"增长阻力"，其估算方法是比较资源"有限"情况和资源"无限"情况下的实际国民收入，认为两种条件之下的实际国民收入差额就是"增长阻力"。Romer（2001）认为，来自资源和土地限制的"增长阻力"是在资源和土地没有限制情况下的增长与资源和土地限制情况下的增长之间的差异。国内学者对"增长阻力"的译法有所不同，薛俊波等（2004）和沈坤荣（2010）等翻译成"增长尾效"，是指资源限制条件下的经济增长速度比没有资源限制条件下的增长速度降低的程度；谢书玲等（2005）和刘耀彬（2007）也翻译为"增长尾效"，认为，由于资源的有限性，上一阶段对资源的消耗必然引起下一阶段经济增长的要素持续投入，这个现象叫"增长尾效"；杨杨（2008）则翻译成"增长阻尼"，是指由于自然资源和土地的约束导致劳动力平均资源利用量下降，使经济增长速度比没有资源限制情况下的增长速度降低的程度。

虽然对"增长阻力"的译法不同，但其内涵和计算方法基本均与 Nordhaus（1992）和 Romer（2001）相同。本书来自自然资源限制的"增长阻力"定义也与 Nordhaus（1992）和 Romer（2001）给出的定义一致，表示无自然资源限制情形下的经济增长与有自然资源约束情形下的经济增长之间的差额。

（四）"资源诅咒"

20 世纪 80 年代以来，一些经济学家开始注意到资源与经济增长之间的紧密关系。1993年，Auty在研究矿产丰富国家经济发展问题时首次提出了"资源诅咒"（Resource Curse）的概念，认为丰富的资源对一些国家经济增长并不是充分的有利条件，而是一种限制，发现随着国家资源产业的逐步发展，其经济增长速度逐步放缓，似乎存在资源开发与经济发展的博弈。反之，若一个国家或地区的资源产业发展对经济具有正向促进作用，则这一现象被称为"资源福音"。本书结合已有研究，认为"资源诅咒"是指资源开发和资源产业发展对国民收入增长和经济社会健康发展存在逆向作用的经济现象。

第二节 理论基础

一 承载力理论

承载力（Carrying Capacity）概念真正起源于工程领域，其概念的最早提出始于1845年美国国务院向参议院提交的"外国商业制度的变更与修改"报告中，主要指轮船吨位（SAYRE，2008）。承载力概念较早地被人口学和生态学等学科所采纳和应用，但大多数研究中暗含着"承载力"的思想，但并没有明确提及"承载力"这一术语。直到1920年，生态学者Hawden和Palmer（1992）首次确切阐述承载力的生态学领域概念，认为"生态承载力是指在不被破坏的情况下，一个牧场特定时期内所能支持放牧的存栏量"（封志明和李鹏，2018）。自20世纪60—70年代以来，随着资源枯竭和环境污染等全球性问题的爆发，社会经济活动与自然资源之间的关系越来越受到关注。在1972年罗马俱乐部发表了《增长的极限》（Meadows et al.，1972）之后，资源环境的相关研究得到了迅速发展。联合国教科文组织（UNESCO）提出一国或一个地区的资源承载力是指在可预见的时期内，利用该地区的能源及其他自然资源和智力、技术等条件,在保证符合其社会文化准则的物质生活水平条件下能维持供养的人口数(UNESCO & FAO,1985)。相比最初的极限容纳量概念,承载力概念的主要特点转变为更多地考虑人口、资源和环境协调发展问题。当前,承载力研究在自然资源(封志明等,2008)、人口(Bernard and Thom,1981;王学军,1992)、区域(邓伟,2010)、城市(刘晓丽和方创琳,2008;熊鹰和杨雪白,2014)、环境规划和管理系统(Barrett and Odum,2000;宁佳等,2014)以及生态系统管理(焦雯君等,2015)等领域得到了广泛的应用。总体上,承载力是一个与资源禀赋、技术手段、社会选择和价值观念等密切相关且具有极限内涵和伦理特征的概念(封志明等,2017)。

(一) 煤炭资源承载力

相比水资源承载力和土地资源承载力研究而言,矿产资源承载力研究相对较少。卜善祥和孟旭光(1997)较早提出矿产资源承载力是指,在一个可预见的时期内,在当时的科学技术和自然环境允许的条件下,矿产资源的经济可采储量(或其生产能力)对社会经济发展的支持能力。王玉萍(1998)将矿产资源承载力内涵界定为"在一定时期内,一定科技水平、经济社会、自然条件下,矿产资源存量以及开发利用所能持续供养的人口数"的矿产资源人口承载力和"在一定时期内,开发利用可支撑的经济总量"的矿产资源经济承载力。

(二) 水资源承载力

据文献表述,"水资源承载力"术语最早出现在1886年加州州立工程师办公室撰写的《灌溉发展》一书中,指河流最大水量(California Office of State Engineer,1886)。国际上水资源承载力研究比较少,主要把水资源承载力与土地资源承载力等作为等同因素纳入可持续发展研究中。在中国,水资源承载力研究较多,施雅风

(1989)较早提出了水资源承载力概念,认为"某一地区的水资源,在一定社会和科学技术发展阶段,在不破坏社会和生态系统时,最大可承载的农业、工业、城市规模和人口水平,是一个随社会经济和科学技术水平发展变化的综合目标"。樊杰等(2009)认为,水资源承载力是指某一区域在特定历史阶段的特定技术和社会经济发展水平条件下,以维护生态良性循环和可持续发展为前提,当地水资源系统可支撑的社会经济活动规模和具有一定生活水平的人口数量。崔凤军(1995)提出,水资源承载力是指在某一时期,某种状态下的水环境条件对该地区的经济发展和生活需求的支持能力。龙腾锐(2004)认为水资源承载力是在一定科学技术发展水平下,一定区域的水生态系统在经济社会以及水资源管理达到最优化时,所能承载的最大可持续发展水平。

目前还没有形成统一的水资源承载力概念,总结目前所形成的定义,大概可以归纳为以下三类:第一种是一定区域水资源在一定条件下所能供养的人口以及承载的经济等的规模;第二种是在一个地区或流域范围内,在一定的发展模式条件下,当地水资源对该地区经济发展和保护生态环境的最大支持能力;第三种是在一定经济水平和社会生产条件下,通过水资源的合理配置,以保障生态为前提,水资源支持可持续发展的合理规模。水资源承载力内涵更加注重水资源承载力对象的多样性和综合性,将水资源承载力理解为对"社会—经济—生态"复合系统的一种支撑力(封志明等,2014)。虽然水资源承载力研究时间相对较短,但是不同学者从不同角度分析水资源承载力问题,不断地发展水资源承载力理论和方法。从发展趋势看,水资源承载力是一个涉及资源、环境、经济和社会等多系统的综合概念(封志明等,2017)。

(三)土地资源承载力

土地承载力的概念最早形成于 1949 年 William Allan 的非洲农

牧业研究中。他提出土地承载力是指"在特定土地利用情况下，即未引起土地退化，一定土地面积上所能永久维持的最大人口数量"，并给出了计算公式（Allan，1949）。阿伦所提出的承载力计算公式虽然并不是首创的以粮食为标志的土地承载力，但他却是第一个阐明该方法的科学家，并在后来的土地资源承载力研究中被广泛推广和发展（Tong et al.，2018）。该方法建立的"人—粮"关系的内涵对土地资源承载力研究领域产生了深远的影响。如后来的 Millington 和 Gifford（1973）通过多目标决策方法分析澳大利亚土地资源承载力、联合国教科文组织（UNESCO）和粮农组织（FAO）（1985）提出的增强承载力选择方法等都以协调人地关系作为核心内涵。

中国作为人口大国，人口与土地之间的矛盾突出，土地资源承载力研究是我国资源环境承载力研究领域中开展最早且应用最广的研究话题。1986年以前，中国土地资源承载力研究主要以借鉴国外理论为主，探索城市土地承载力分析方法（任美锷，1950）。20世纪80年代后期，许多课题组和学者相继提出了自己的看法，对土地资源承载力进行了原创性的研究。1986—2000年，中国科学院和国家土地管理局开展了三次大规模的土地资源承载力研究，为以后的土地资源承载力研究奠定了理论与方法基础（《中国土地资源生产能力及人口承载量研究》课题组，1991；郑振源，1996a；郑振源，1996b；陈百明，2001）。陈百明等（1991）指出，土地资源承载力是在一定生产条件下，土地资源在一定生活水平下所能供养的人口数量及其生产能力。胡恒觉等（1992）提出土地资源承载力的概念，认为土地资源承载力是指在一定时间内，特定地理区域在可预见的自然技术、经济及社会诸多因素综合制约下的土地资源生产能力，以及所能持续供养的、具有一定生活水准的人口数量。

最初的土地资源承载力研究将土地生产能力局限于粮食生产能

力,将土地资源局限于耕地资源,这样很难真正揭示区域土地、人口、粮食三者之间相互制约和相互促进的复杂关系(王书华,2001)。王书华和曹静(2001)认为,土地承载力应该更为综合,即在一定的空间区域和时期,针对一定的社会经济水平和生态环境条件,土地资源所能承载人类各种活动的强度及规模阈值。可见土地承载力的研究是对区域土地、食物、人口、资源、环境与发展的系统透视(吴次芳,2008)。

虽然不同学者提出的土地承载力概念在定义表述上不尽相同,但其核心内涵几乎一致,均认为认识土地、人口与食物之间关系,"以多少土地和粮食养活多少人口"仍是土地承载力研究的核心内容。同时,当前土地资源承载力研究重点方向为综合考虑资源、环境、生态与发展之间关系的定量分析。科学认识资源环境承载力,需要从社会经济发展和自然基础条件两个维度进行综合认识。土地资源承载力的研究越来越趋向于多目标、模式化、综合性、可持续性,更加注重与经济社会条件、生态环境等因素的协调(刘蕾,2013)。从一定意义上说,土地承载力是社会、经济、环境协调作用的中介和协调程度的表征(吴次芳,2008)。

总之,区域自然资源承载力是一个复杂的概念,需要综合考虑自然资源、社会经济、生态环境和人口发展之间的相互作用。经济社会和人口的发展需要依靠自然资源,而其对自然资源的开采和消耗对生态环境带来破坏和污染;当生态环境承载力超限时,资源环境会反过来抑制社会经济和人口的健康发展;随着人口素质的提高和社会环境保护意识的加强,资源环境受到保护,资源环境的承载力提高,进一步推动社会经济和人口的健康发展。

由此可见,区域自然资源承载力评价指标体系的构建需要综合考虑自然资源、社会经济、生态环境和人口因素。据此,本书对自然资源承载力的定义与王书华和曹静(2001)的相同,认为自然资源承载力是在一定的空间区域和时期，针对一定的社会经济水平和生态环境条件，自然资源所能承载的人口规模和经济规模阈值。在内蒙古自然资源承载力评价时从自然资源、社会经济、生态环境和人口因素四个维度出发，综合考虑四个维度多个指标的综合影响，构建自然资源承载力综合评价指标，分析内蒙古经济自然资源承载力现状。

二 系统资源约束理论

对经济系统来说，一切系统资源皆有实现或潜在的利用价值；系统资源在一定经济技术条件下相互匹配，"短板资源"是稀缺的，而"长板资源"是相对富裕的；在系统资源约束下，系统内经济体的发展在可用资源限制下呈逻辑蒂克（Logistic）曲线型增长（何伟军和曾宇平，2011）。

逻辑蒂克函数，也被称为生长曲线函数，由美国生物学家和人口统计学家 Pearl 和 Reed 首先在生物繁殖研究中发现，后被广泛应用于人口预测、经济学等不同研究领域。应用逻辑蒂克函数分析经济学问题，假设经济系统中的资源环境容量 x_m 恒定不变，经济体初始规模为 x_0，时刻 t 的经济规模 $x = x_t$，那么经济增长速度 $\mathrm{d}_x/\mathrm{d}_t$ 正比于经济规模 x_t 及其接近经济稳定增长程度 $(1 - x_t/x_m)$ 之乘积，推导逻辑蒂克方程如下：

$$\frac{\mathrm{d}_{xt}}{\mathrm{d}_t} = r\, x_t \left[1 - \frac{x_t}{x_m}\right] \qquad (2-1)$$

对式（2-1）积分得逻辑蒂克方程：

$$x_t = \frac{x_m}{\left[1 + \left(\frac{x_m}{x_0} - 1\right)e^{-rt}\right]} \qquad (2-2)$$

其中 γ 表示竞争力，从式（2-1）发现，当 t 趋向于无穷时，经济规模 x_t 趋向于资源环境容量 x_m 所能承载的最大经济规模。逻辑蒂克拐点能够揭示系统资源约束的本质，其意义是在资源环境容量x_m的约束下，一个国家或地区经济由加速增长到减速增长的转变点。

具有相似或者相同资源组合的经济系统，不同的生产技术水平、资源利用程度、组织运行效率、学习知识能力等，对应不同产出量曲线（如图2-1）；同一个系统可以在不同的发展阶段发生科技创新、阻滞重构，突破原来的约束，又会遭受更高层次的约束（如图2-2）。

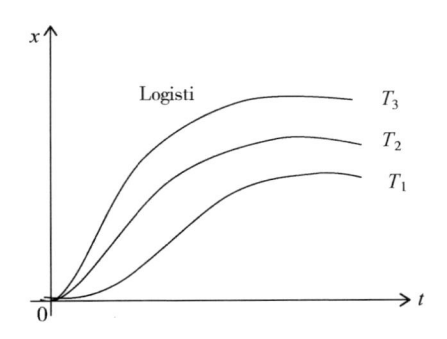

图 2-1　不同生产技术条件下的逻辑蒂克曲线

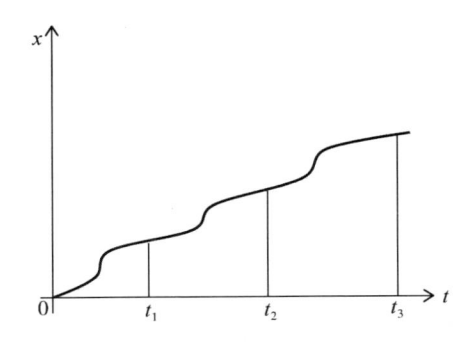

图 2-2　不同发展阶段不同资源约束条件下的
　　　　逻辑蒂克曲线

逻辑蒂克曲线增长模型研究经济体在不同级别系统资源约束条件下的增长规律，模拟现实经济复杂发展特征，从而对区域经济发展战略提出更科学的决策。其经济学含义为：一个区域经济体依赖资源支撑而发展，同时受资源约束，通过科技进步、资源重组、产业升级、组织重组、制度创新等不断提升经济体竞争力，从而实现可持续发展（何伟军和曾宇平，2011）。

三 经济增长理论

经济增长理论是研究解释经济增长规律和影响制约因素的理论。经济增长是指一国或地区所生产的最终商品与劳务总量的增加。这种能力的扩大建立在科技进步、制度创新、人力资源开发以及思想意识调整的基础之上。同时经济增长受资源、技术、体制和市场等方面的约束。在经济增长理论发展过程中，主流经济学家对自然资源持有的观点有所不同。

（一）古典经济增长理论对自然资源问题的观点

关于把自然资源作为影响经济增长因素的思想渊源可以追溯到古典经济时期。当时的增长理论已经开始考虑自然资源因素，其中威廉·配第提出"土地是财富之母，劳动是财富之父"的观点，意识到劳动创造财富会受到自然资源的制约。李嘉图提出了资源相对稀缺的观点，阐明了土地资源制约经济增长的机制，即由于农业受土地资源有限而呈现报酬递减。赫克歇尔和俄林提出了要素禀赋理论，认为资源作为生产要素能够对地区分工产生重要作用，资源丰富地区更偏重于资源密集的经济结构。马尔萨斯（1992）认为人的快速繁衍而食品生产受到土地禀赋制约，粮食增长慢于人口增长，未来经济将会出现停滞现象，忽视了人类有意识的资本形成。20世纪70年代爆发的世界性能源危机和粮食危机，使上述断言重新受到关注，催生了新马尔萨斯主义，将土地资源扩展到整个自然资源，提出"增长极限"论，认为未来经济发展需要受到有限自然资源约束。

虽然古典经济学家很少对自然资源与经济增长的关系进行讨论和研究，没有特别强调自然资源的重要性，把自然资源的作用隐藏在"土地"这一概念中，但他们已经意识到自然资源对经济增长中的作用，发现自然资源也是影响经济增长的关键因素之一，自然资源的有限也可能会成为约束经济增长的因素。

（二）新古典经济增长理论对自然资源问题的观点

到新古典经济学时期，关于自然资源与经济发展问题研究出现了一段真空期，经济学家在分析经济增长问题时选择性地忽视了自然资源的重要性。新古典经济学对自然资源的忽视可以追溯到其开创者马歇尔。马歇尔对李嘉图的"报酬递减规律"不以为然，指出：自然在生产中起的作用表现为报酬递减，而人类所起的作用则表现出报酬递增，二者相互作用的结果可能是报酬不变。由于从马歇尔时代到世界能源危机爆发之前，主要工业化国家没有出现因自然资源约束导致经济停滞的现象，似乎为马歇尔的观点提供了现实证据。因此，这一时期，新古典经济学家认为自然资源对经济增长来说并不是重要的投入要素。

英国经济学家哈罗德和美国经济学家多马提出的哈罗德—多马模型（H－D模型）在生产过程中只考虑劳动和资本两种生产要素，得出当经济处于均衡时，国民收入增长率等于该社会的储蓄率除以资本—产出比。由于资本—产出比在相当长的时期中可以被看作常数，因此该模型的结论是若要获得一定的增长率，必须维持一定的储蓄率。H－D模型认为资本积累是经济发展的唯一源泉。鉴于H－D模型得出的结果与第二次世界大战后西方国家的实际经济波动不完全符合，因此许多西方学者尝试建立新的模型，以便说明经济增长的动力。索洛（1957）开创的新古典经济增长模型中，把资本和劳动作为主要的投入要素，假设生产函数对资本和劳动规模报酬不变，技术进步这个外生变量是长期经济增长的主要推动力。

新古典经济学较为忽视自然资源对经济增长的作用，把资源当成一种生产成本，并非当作经济增长模型中的变量；认为资源对经济增长的影响是"中性"的，即资源不会对劳动、资本和技术的要素投入结构产生影响，从而不会对经济增长产生重要影响；认为资源能够被资本和劳动所替代。新古典经济学家们主要试图建立经济增长的一般性模型，而忽视了体现不同地区的特殊禀赋的资源要素。

（三）内生经济增长理论对自然资源问题的观点

20 世纪 60 年代到 80 年代中期，新古典经济增长模型在经济增长研究中一直占主导地位。但是该模型中储蓄率、人口增长率、资本折旧率和技术进步等都是外生变量的结论很难对现实中的经济现象做出解释。鉴于此，80 年代中后期以来，罗默和卢卡斯等人在对新古典经济增长理论反思的基础上，把储蓄率、人口增长率和技术进步等重要参数作为内生变量来考虑，建立了内生经济增长模型（赵英军，2010）。在索洛剩余解释中，罗默（1986）提出了内生经济增长理论，认为知识积累和技术进步决定经济发展程度，而知识和技术因人力资本而发展，因此，人力资本是决定经济发展的最关键因素。这一时期，新古典经济学家对经济增长普遍持乐观态度，认为自然资源对经济增长而言并不是一种重要的生产要素。然而 70 年代罗马俱乐部发表《经济增长的极限》的研究报告引起人们对资源环境的关注，以及 80 年代末 90 年代初一系列全球环境问题恶化（全球变暖、臭氧层空洞），再度引发经济学界对资源环境约束问题的关注。主流经济学家承认地球上固定的自然资源意味着，任何试图步入一条永久性增加产出的路径的企图将最终耗尽那些资源，因而必定会失败（罗默，2003）。Nordhaus（1992）在索洛模型的基础上纳入自然资源，测算自然资源限制"增长阻力"（Growth Drag）。与此同时，80 年代后期，随着内生增长模型的兴起，经济学家们开始将自然资源因素纳入内生经济增长模型（Scholz and Ziemes，1996）。

本书主要集中于讨论自然资源对经济增长的作用，依然依靠新古典的规模报酬不变的生产函数，把自然资源纳入经济增长模型中，考察不同自然资源对经济增长的作用。

第三节　文献综述

诸多学者对自然资源丰裕状态如何影响经济增长进行了深入的研究，归纳起来主要有两大类：一是，自然资源的有限对经济增长产生的"增长阻力"作用；二是，自然资源的丰富对经济产生的影响，如资源丰富地区经济落后现象的"资源诅咒"效应。

本节分别梳理了自然资源短缺对经济增长的影响研究文献、自然资源丰裕对经济增长的影响研究文献和内蒙古自然资源与经济增长研究文献，为自然资源约束影响经济增长机制分析和实证分析提供理论依据。

一　自然资源短缺对经济增长的影响

（一）煤炭资源对经济增长的"增长阻力"

自然资源是人类赖以生存的基础，是人类经济社会可持续发展的物质基础和基本保障。工业革命以来，随着人类经济社会的快速发展，对自然资源的过度"透支"，自然资源已经对经济增长产生"抑制"作用。20世纪60年代以来，环境问题在发达国家集中爆发，使越来越多的经济学家开始关注的经济增长与资源环境关系问题成为全世界共同关注的焦点。关于资源限制对经济增长的阻力作用研究，国内外学者已经积累了丰富的成果。Nordhaus（1992）较早地测算了自然资源对经济增长产生的"增长阻力"，将自然资源纳入索洛模型中，构建了有资源约束的新古典经济增长模型，并与无资源约束的新古典经济增长模型进行比较，测算了美国自然资源对经济增长的阻力。Romer（2001）在其 *Advanced Macroeconomics* 一书中，对索洛模型进行扩展，把土地从自然资源中分离出来，引用和归纳了"增长阻力"理论。国外有关资源限制对经济增长阻力的文献主要分析了土地资源限制对经济增长产生的阻力问题。

40多年来，中国一直保持高水平的经济增长状态，而增长对资源消耗的影响究竟有多大？这一问题引起了诸多学者的关注。我国作为世界上最大的煤炭生产和消费国（BP p.l.c，2016），众多国内学者纷纷研究了能源约束对我国经济增长的阻力作用。刘耀彬等（2007）得出能源消耗对城市化进程的"增长阻力"为0.008489。薛俊波等（2017）从行业角度分析了农业经济增长中资源消耗带来的增长"阻力"，得出能源给农业经济带来的"增长阻力"为0.38%。李影（2015）从区域层面分析我国中东西部地区能源限制对经济增长的阻力作用。李晓和李述山（2015）以上海市为例分析资源约束对经济增长的作用，发现煤炭资源对上海经济增长的阻力为0.0347%。

（二）水资源对经济增长的"增长阻力"

内蒙古作为我国水资源缺乏地区之一，在其经济发展加速过程中，水资源问题日益凸显和恶化，经济增长与资源阻力间的矛盾正在悄然加剧。对于自然资源限制对经济增长中的阻力作用研究，学者们已经积累了一定的成果。谢书玲等（2005）计算出水资源消耗对我国经济的"增长阻力"为0.001397。刘耀彬等（2007）分析了中国城市化进程中的资源消耗的"增长阻力"，得出了水资源消耗对中国城市化进程的"增长阻力"为0.0151881。杨杨等（2007）在罗默（2001）模型基础上，通过修正前提假设，测算了水资源消耗对经济的"增长阻力"，认为由于水资源限制，中国经济增长速度降低了 0.26%。薛俊波（2017）从行业角度分析了水土资源对农业产业的影响，得出水资源对农业经济增长的阻力为 0.437%。

（三）土地资源对经济增长的"增长阻力"

土地资源是人们赖以生存的基础性自然资源。由于资源的有限性，在长期经济增长过程中，自然资源供给递减，很难满足稳态经济增长对自然资源的需求，对经济增长产生"阻力"作用。薛俊波等（2004）对 Romer（2001）假说进行简化处理，分析了 1978—2002 年土地资源消耗对中国经济增长的"尾效"，计算出土地资源限制对中国经济的"增长阻力"约为 0.0175。谢书玲等（2005）在罗默模型的基础上，利用我国 1981—2002 年时间序列数据，估算出土地资源消耗对中国经济的"增长阻力"为 0.013201。刘耀彬等（2007）研究显示中国土地资源消耗对城市化进程的"增长阻力"为 0.00356。崔云（2007）在罗默等人的研究基础上测算的中国经济增长中土地资源的"增长阻力"为 0.0126。杨杨等（2007）在 Romer（2001）模型基础上，通过修正前提假设，测算了土地资源消耗对经济的"增长阻力"，认为由于土地资源限制，中国经济增长速度降低了 0.92%。葛扬等（2010）计量显示，1978—2006 年，由于土地资源的消耗而造成长三角地区总体经济增长速度平均每年下降了 0.52%，上海和江苏的土地"增长阻力"分别为 0.0021 和 0.0018。罗黎平（2011）在已有"增长阻力"分析模型中加以考虑虚拟土地进口和土地集约利用因素，认为一个国家或地区降低土地资源消耗对经济增长的"阻力"作用，需要在加大技术投入、增强自主创新能力的同时转变经济发展方式、强化土地集约化利用理念、鼓励虚拟土地进口，实现经济的可持续发展。王家庭（2010）运用我国 31 个省份面板数据，从区域维度分析了土地资源"增长阻力"，认为人口增长率的提升、土地资源弹性系数高和资本弹性系数高是不同地区间土地资源"增长阻力"值存在差异的主要原因。薛俊波等（2017）从行业角度分析了农业经济增长中资源消耗带来的"增长阻力"，认为由于土地资源、能源和水资源的"增长阻力"，每年农业经济增长速度下降1.32%。

二 自然资源丰裕对经济增长的影响

自然资源与经济增长之间的关系一直是经济学研究文献中的一个传统主题。学者们仍在争论将自然资源定义为一种"诅咒"是否公平的问题。目前越来越多的理论和实证文献将注意力从自然资源是"福音"还是"诅咒"的假说研究，转移到探索自然资源与经济增长之间的潜在影响机制。人们注意到自然资源的占有既不是取得经济成功的必要条件，也不是充分条件。下面本书总结了学者对自然资源丰富引起的"资源诅咒"现象的观点演变过程。

（一）"资源诅咒"是合理可靠的事实

自亚当·斯密（Adam Smith）和大卫·李嘉图（David Ricardo）以来，人们一度深信，拥有石油和天然气等自然资源的国家可以将其发展建立在这些资源的基础上，并将这些自然资源作为持续经济增长的关键途径。然而，经济学家们观察到，资源丰富的国家，尤其是非洲和中东的许多国家都有丰富的石油和其他自然资源，但它们的人民仍然生活在低人均收入和低生活质量中。这些国家遭受着 Auty（1993）所提出的"资源诅咒"。这种诅咒指的是那些拥有石油、天然气、矿产等自然资源的国家比自然资源较少的国家经济增长更慢、发展结果更差的悖论。自 Auty（1993）提出"资源诅咒"命题以来，经济学界诸多学者纷纷讨论资源丰富地区的经济增长问题。Auty 和 Mikesell（1998），Gylfason 等（1999）以及 Sachs 和 Warner（1995，1999）通过跨国数据分析得出资源丰富度与经济增长之间存在负相关关系的结论。徐康宁和王剑（2006）通过中国省级面板数据分析自然资源丰富程度与经济发展水平之间的关系，认为中国同样存在资源诅咒现象，丰富的资源并没有对经济带来推动作用。胡援成和肖德勇（2007）、邵帅和齐中英（2008）、邵帅和杨莉莉（2010）、孙永平和叶初升（2011）同样用中国跨省数据为样本得出中国存在资源诅咒现象的结论。从长远来看，大多数富有石油、矿产和其他自然资源的国家经济增长速度慢于自然资源禀赋低的国家。如石油资源丰富的尼日利亚现在的人均国民生产总值比1966年独立时要低。不只尼日利亚出现这种现象，根据世界银行（2000）统计，1965—1988年，其他六个石油输出国伊朗、委内瑞拉、利比亚、伊拉克、科威特和卡塔尔人均国民生产总值平均增长分别为 -1%、-1%、-2%、-3%、-3% 和 -6%。这种自然资源丰富国家出现低增长的现实情况支持了"资源诅咒"理论。以至于一些学者认为资源丰富地区不可避免地出现经济增长缓慢现象，即资源诅咒是一个"合理可靠的事实"。Kim 和 Lin（2015）在发展中国家样本中使用异质面板协整技术分析了自然资源与经济增长之间的关系，认为以资源为基础的国家比资源稀缺的国家发展得更慢，因此平均而言，自然资源仍然是一种诅咒。

（二）自然资源是"祝福"（blessing）

有关自然资源的更积极的观点可以追溯到亚当·斯密（Adam Smith）和大卫·李嘉图（David Ricardo），他们认为自然资源在经济发展过程中发挥了有益的作用。Walter Rostow（1959）认为自然资源禀赋将使发展中国家能够实现从发展不足到工业起飞的关键转变，就像他们对澳大利亚、美国和英国等国家所做的那样。Habakkuk（1962）认为美国自然资源的增加有助于解释为什么在19世纪美国经济增长超过了英国。Cavalcanti 等（2011）用石油生产、租金或储量的实际价值作为资源禀赋的代表，分析了自然资源丰富度对经济增长的长期和短期的影响，发现石油丰富实际上是一种福气，而不是一种诅咒。Haber 和 Menaldo（2011）也得出了自然资源对经济增长是有利的结果。

（三）"资源诅咒"现象背后原因探索

由于出现了很多反对"自然资源诅咒"理论的不同声音，资源诅咒理论的支持者将注意力转移到政治制度等可能引起自然资源丰富国家经济增长停滞现象背后的原因。已有文献研究发现，丰富的自然资源与缓慢的经济增长之间有以下三个主要传导途径。第一，缺乏有效的市场。若存在有效的市场，资源型地区会受益于资源价格上涨，像美国北达科他州西部自然资源禀赋推动了经济增长。第二，缺乏有效的制度和政策环境。自然资源丰富的经济体似乎特别容易出现寻租行为，进一步导致社会腐败现象，从而影响经济健康发展。同时，自然资源的丰富可能会让人们产生一种错误的安全感，并导致政府忽视了发展友好型经济管理的必要性。经济发展主要依靠大量开采自然资源，导致一系列的环境问题的同时出现资源浪费现象，很难使经济可持续发展。第三，挤出效应。即自然资源丰富地区对某一个活动 X 产生挤出效应，而活动 X 推动经济增长，从而资源丰富地区经济增长出现停滞现象。挤出效应主要有三种说法，一是自然资源对制造业产生挤出效应（荷兰病），从而使经济增长出现停滞现象；二是自然资源对人力资本产生了挤出效应；三是自然资源对教育产生挤出效应，从而影响长期经济发展。还有一些研究认为自然资源与储蓄率和投资等与经济增长密切相关的变量呈负相关关系。

1. 缺乏有效的要素市场

Sachs 和 Warner（2001）之后很多学者探索了出现资源诅咒现象背后的原因。Hunt Allcott 和 Daniel Keniston（2016）利用1969—2014年美国石油和天然气数据分析了自然资源对地方经济的效应，得出"荷兰病"现象不显著，认为资源丰富地区不一定必然出现"资源诅咒"现象。他们在文中指出，若市场机制是完善的，即存在有效的市场，资源型地区会受益于资源价格上涨。然而自然资源丰富地区同样存在潜在的"资源诅咒"风险，当市场无效时，资源的开采无法使经济持续增长。邵帅和杨莉莉（2011）也认为提高市场化程度和要素配置效率是规避和解决资源诅咒问题的一个有效途径。

2. 缺乏有效的制度和政策环境

Sachs 和 Warner（2001）通过研究纠正了资源诅咒是"合理可靠的事实"的说法，认为资源丰富地区不一定必然出现资源诅咒。他们分析了自然资源依赖与经济增长之间的影响机制，认为资源丰富的国家往往是价格较高的经济体，这在一定程度上导致这些国家倾向于错过出口导向型增长。政府可以通过制定政策来调节市场效率或者甚至可以完全阻止资源开采来避免资源诅咒现象的出现。在此之后很多地区采取了阻止资源开采的办法，如纽约州、保加利亚、法国、南非等国家和地区最近都禁止了水力压裂（Hydraulic Fracturing）（Rosenbaum，2016）。自然资源的丰富可能会让人们产生一种错误的安全感，并导致政府忽视发展友好型经济管理的必要性，包括自由贸易、官僚的效率和制度质量（Sachs and Warner，1999）。资源资助的财政缓冲可以使政府忽视或推迟城市化进程，忽视增加教育供给以及提供其他基础设施服务以促进长期经济发展（Ross，2007）。Auty（2007）指出资源丰富国家出现腐败的概率高于非资源丰富国家。Ross（2015）认为对自然资源高度依赖的国家，其宏观经济和宏观政治效应都是负面的。认为一种矿物财富，如石油，至少有三种有害影响：它倾向于使独裁政权更加持久，增加某些类型的腐败，并有助于在中低收入国家引发暴力冲突。有效的政府政策可以减少资源诅咒效应。例如，政府可以通过设立"收入稳定基金"或"储蓄基金"，使经济免受资源诅咒的影响，也可以通过投资于非资源部门，帮助实现国家经济的多样化（Stevens，

2005）。Collier（2010）认为自然资产的管理可以通过国内和国际行动在特定的政治体制内得到改善。Bhattacharya 和 Hodler（2010）认为民主化可能是减少资源丰富国家腐败、出现资源诅咒现象的有力工具。的确，一些国家如挪威和加拿大等在很大程度上避开了资源诅咒，可以认为这是因为更好的治理制度或者已经存在的经济多样性（Mehlum 等，2006；Robinson 等，2006）。由于挪威的石油资源是法律规定的不可再生的国家财富，挪威政府通过税收和直接所有者权益等形式，收取约 80% 的石油租金，将其投资于外国证券。加纳通过良好的社会治理质量和娴熟的政府政策保护该国不受自然资源诅咒的影响（Kopiński，2013）。Mehlum 等（2006）和 mavrotas 等（2011）认为，制度是自然资源成为诅咒还是福音的决定性因素。特别是，资源丰富国家之间的增长绩效差异主要归因于它们的资源租金如何通过体制安排分配。与这一观点一致，Torvik（2009）认为，一个好的制度机构可以阻止自然资源禀赋对增长的消极影响。同样，Sarmidi 等（2014）认为，随着制度质量的提高，资源丰富对经济增长的负面影响应该会消失。Apergis 和 Payne（2014）研究了 1990—2013 年中东和北非地区一些国家石油丰富程度对经济增长的影响，而不是石油资源依赖。他们发现 1990—2003 年石油丰富度对经济增长产生负面影响；而 2003 年后，石油储量对经济增长的影响变得积极。作者认为这一变化是中东和北非地区国家的体制和经济改革质量的提高所致。Sala-i-Martin 和 Subramanian（2013）案例分析尼日利亚资源诅咒现象认为，石油的浪费和糟糕的制度质量似乎是导致其长期经济表现不佳的原因。因此，可以说资源诅咒效应的存在或者缺失反映了相对复杂的环境，包括国内经济结构、政治制度和公司治理制度等。

3. 自然资源的挤出效应

一些学者从另一个角度分析了资源型地区出现资源诅咒现象的

原因。他们认为出现资源诅咒的潜在主导机制为自然资源的挤出效应。即自然资源丰富地区对某一个活动 X 产生挤出效应，而活动 X 推动经济增长，从而资源丰富地区经济增长出现停滞现象。由于对究竟是什么推动了经济增长有不同的看法，学者们对自然资源究竟对哪些活动产生挤出效应，从而影响经济增长也有不同的看法。换句话说，对自然资源诅咒背后原因的完整的答案正是推动经济增长的最终因素（Sachs and Warner, 2001）。依照上述逻辑思路回顾一些主要的解释。

Sachs 和 Warner（1995, 1999）和 Sachs（1966）认为这个 X 变量为可贸易的制造业活动（Traded-manufacturing Activities）。认为来自自然资源财富冲击（加上消费者偏好）引起对非贸易产品的过度需求，推高了非贸易品价格，包括非贸易品投入要素价格和工资。这个反过来会挤压贸易活动的利润，如非贸易产品作为投入要素的制造业，前期投入较高价格的非贸易品，而把最终产品以相对不变的国际标准价格在国际市场上销售，导致制造业在国际市场上没有竞争优势。这种制造业的衰落导致经济增长停滞（"荷兰病"的解释）。Corden 和 Neary（1982），Krugman（1987），Matsuyama（1992）和 Van Wijnbergen（1984）通过理论分析得出自然资源部门增长率对制造业生产率产生挤出效应。他们主要认为制造业公司通过降低货物运输、工人和创新等成本对附近的其他公司产生积极的生产力溢出效应，然而自然资源部门的增长挤垮了制造业，即减少了制造业生产率的溢出效应，这可能会引起长期经济增长率的下降。近几年 Harding 和 Venables（2016），Ismail（2010）通过跨国数据分析也得出了自然资源产出对制造业产出有"挤出效应"的结论。自然资源部门可以从非资源所有者那里吸引资本、劳动力和创业活动，从而抑制它们的发展（Van der Ploeg, 2011）。Harding 和 Venables（2016）通过 41 个资源输出国 1970—2006 年的数据分析表明，对于 1 美元的自然资源收入，非资源收入将减少 74 美分，进口增加 25 美分，而这种效应对制造业大国的影响更大。一些观点认为自然资源丰富地区可能降低人们对人力资本积累的动机（Stijns，2006；Blanco 和 Grier，2012；Shao 和 Yang，2014）。Gylfason 等（1999）和 Gylfason（2001）认为这个罪魁祸首 X 是教育。他通过研究发现教育方面的公共支出相对于国民收入、女童预期上学年限和中学总入学率都显示出与自然资本在国民财富中所占比例成反比。自然资本对人力资本产生挤出效应，从而减慢了经济增长速度。岳利萍等（2011）通过对中国自然资源储量前十名的 18 个省份数据进行分析，认为自然资源禀赋对经济增长有正面的直接影响的同时存在负面的间接影响。其间接影响主要为自然资源与影响经济增长的主要变量投资、教育水平、研发技术和开放程度等呈负相关关系。还有一些观点认为自然资源对投资和储蓄率等与经济增长密切相关的因素呈负相关关系（Atkinson and Hamilton，2003；Dietz 等，2007；Boos and Holm-Mülle，2013；Papyrakis and Gerlagh，2007）。

三 内蒙古自然资源与经济增长

内蒙古因其地理位置、气候条件等原因，决定了其自然资源的脆弱性。同时，内蒙古经济增长对能源表现出极大的依赖性（付桂军等，2012）。基于内蒙古地区的上述特征，如果不改变其经济发展模式和当前生产方式，很难实现经济的可持续增长。很多国内学者也纷纷研究不同自然资源、能源限制下如何实现内蒙古经济持续增长问题，指出了内蒙古经济发展的特征及经济发展中存在的问题等。罗海波等（2009）利用生态足迹模型定量评价内蒙古的可持续发展状况，发现 1995—2005 年，随着内蒙古人口的不断增长、经济发展和人民生活水平的提高，生态足迹上升，生态赤字增大，对自然资源的利用程度已经远远超过了自然资源的供给程度。张玉立

(2012) 指出内蒙古能源发展中存在煤炭过度开发，市场需求放缓，导致产能过剩和资源浪费；能源发展伴随着巨大的负外部性；能源企业缺乏创新导致能源技术落后和能源效率偏低；能源市场机制尚不完善，能源体制改革力不从心，等等问题。付桂军等（2012）以内蒙古为例研究煤炭资源开发与环境保护可持续发展问题，指出内蒙古经济增长对能源表现出极大的依赖性。同时指出，内蒙古煤炭资源种类结构中进化程度偏低的煤种占97.33%，无烟煤等进化程度高的煤种占比很少；内蒙古煤炭资源地区分布不均衡，主要集中于鄂尔多斯市、锡林郭勒盟和呼伦贝尔市；水资源缺乏。张亚夫等（2014）在利用主成分分析法对区域生态支撑能力与社会经济发展水平进行分析的基础上，通过耦合协调模型对2001—2010年区域的生态支撑能力与社会经济发展之间的耦合协调性进行研究。结果表明：研究区在近十年来，由于生态系统脆弱性和人类活动的干扰，生态环境系统发展停滞不前，甚至有降低的趋势，生态支撑能力从0.37下降到0.06；而社会经济则呈现高速发展的势头，社会经济压力从2001年的0.03发展到2010年的0.7。总体来看，生态环境与经济发展协调性呈现先升高后降低的趋势，在2005年达到0.618，成为系统发展的最优点，但未来社会经济的发展将会受到生态环境系统较强的制约作用。马少华（2015）在内蒙古地区水资源特征及可持续利用问题研究中指出内蒙古水资源较为贫乏、水资源分布不均衡、水资源利用效率低。

四 文献评述

（一）自然资源短缺对经济增长影响研究文献评述

关于资源限制对经济增长的阻力作用研究，国内外学者已经积累了丰富的成果。已有相关研究中，鲜有文献研究煤炭资源限制对经济增长的阻力作用。由于2000年后我国产业结构向重化工业倾斜及能源价格政策等调整原因，煤炭行业逐渐进入了繁荣期（邵帅和杨莉莉，2010）。内蒙古作为我国煤炭资源最丰富的地区，也无例外地出现了煤炭行业繁荣期，经济得到了快速发展。而煤炭资源作为可耗竭资源，其总量有限导致的约束对地区经济增长的作用值得被关注。

已有水资源增长阻力的研究也主要从全国、区域和行业角度分析水资源对经济增长的影响，很少文献对典型资源型地区进行具体分析。以大力发展水资源密集型产业的水资源缺乏地区内蒙古为研究对象，分析水资源对其经济的增长阻力大小，探索经济增长中水资源投入要素的节约潜力，对实现资源与经济协调发展具有一定的实际意义。

已有研究土地资源增长阻力的文献从土地资源总量限制角度出发，主要以新古典增长理论为基础，把储蓄率、人口增长率和技术进步视为影响经济增长的外生变量，运用传统的"增长阻力"计算方法，从全国尺度和区域层面，测算了我国土地资源限制的"增长阻力"作用。很少有人关注经济发展过程中土地资源利用结构的变化。随着城市化和工业化的发展，土地资源投入从农业部门倾斜于非农业部门。鲜有人研究土地资源利用结构变化过程中土地资源分别对农村和城镇地区经济产生的影响。

为了分析自然资源总量限制对内蒙古经济增长的影响，本书在已有资源限制增长阻力研究文献的基础上，以内蒙古作为研究样本，分析了煤炭资源和水资源对经济增长的增长阻力；同时，本书在 RCK 模型的基础上，试图建立土地利用结构两部门非均衡增长模型，提出土地要素对内蒙古经济增长作用分析框架，以期分析土地要素对经济增长存在的"贡献"和"阻力"（不同于传统的"增长阻力"）效应机制，并在 Romer（2001）经济增长模型的基础上，利用内蒙古 1996—2015 年的时间序列数据，分别测算土地资源限制对内蒙古城镇和乡村地区经济的"增长阻力"。

（二）自然资源丰裕对经济增长影响研究文献评述

自然资源是"诅咒"还是"祝福"？经验证据表明，任何一种结果都是可能的。自然资源丰富既不是出现"资源诅咒"现象的必要条件也不是充分条件。这与资源型地区经发展过程中自然资源影响经济增长的路径有关。已有研究文献在分析自然资源与经济增长之间的关系时，对自然资源衡量指标的选取主要有自然资源丰富度和自然资源依赖度两种。由于对这两个概念区别的忽视，在评估各种资源诅咒假设时这两个术语的互换使用很可能得出不同的结论。宋瑛和陈纪平（2014）分析中国自然资源禀赋对经济增长的影响机制时采用采矿业就业人数占总人口的比重来衡量资源丰富程度；而邵帅和杨莉莉（2010）用采矿业从业人数占全部从业人数比重来衡量资源依赖程度。一个国家出现资源诅咒可能是由于资源依赖程度，资源丰富程度可能对经济增长产生有利的影响（Gylfason 和 Zoega，2006；邵帅和杨莉莉，2010；Nabli 和 Arezki，2012）。所以对关键变量的选择和衡量指标的选取都有可能影响自然资源是"诅咒"还是"福音"假设的结论。在分析自然资源与经济增长之间的影响机制之前有必要对自然资源丰富度和自然资源依赖度进行区分（本书已在前文中对两个概念进行界定）。Gylfason 和 Zoega（2006）区分了自然资源丰富度与自然资源依赖，并通过理论和实证分析发现资源的丰富度有益于经济增长，不会导致资源诅咒，而资源依赖程度越大产出增长越低。基于此，本书认为，自然资源丰富地区如果能够建立完善的要素市场和确立有效的制度和政策环境，避免在发展自然资源产业过程中出现资源产业的依赖，则能够避免资源诅咒现象，否则很容易出现资源诅咒现象，经济增长趋于缓慢。

现有研究多从某一方面分析自然资源对经济增长的影响路径，如可耗竭资源开采对制造业、教育、投资以及储蓄等产生挤出效应，进而影响长期经济增长，忽视了自然资源开采活动与其他自然资源间的综合作用对经济增长产生的影响。内蒙古作为我国煤炭资源最丰富的地区，同时也是水资源严重缺乏的地区。煤炭行业发展对水资源的需求量十分巨大，如果不采取有效的节水措施或法规，煤炭行业的用水量在近期内可能会大幅增加甚至超过中国的供水量（Lingying Pan 等，2012）。这会对其他水资源密集型产业产生"挤出效应"。同时，自然资源开采满足了经济活动资源投入需求的同时对土地资源产生了一定的破坏。内蒙古自然资源结构极不平衡，它是我国煤炭资源最丰富的最大草原牧区的同时也是我国水资源最缺乏地区之一。由于 2000 年后开始我国产业结构向重化工业倾斜及能源价格政策等调整原因，内蒙古煤炭行业迅速发展，通过对煤炭资源进行粗放式的开采来推动当地经济快速发展。而煤炭资源作为可耗竭资源，不仅其总量限制对经济增长产生影响，而且煤炭资源粗放式的开采活动带来了一系列的资源环境问题。随着工业化的深入，需要更多的能源和原材料的投入，能源和原材料的不断开采会产生更多的副产品。经济学家们意识到，在经济不断发展的过程中资源开采导致的环境问题与经济增长之间需要权衡。工业用水量的很大一部分来自占中国能源系统主导地位的煤炭行业。据统计，超过一半的工业用水被用于煤矿开采和选矿、燃煤发电和煤化工（中国国家统计局，2009）。煤炭工业除了大量取水外，还会对当地的水系统造成破坏、水土流失，并大量排放含污染物和有毒金属离子的废水，如硫化物、汞、六价铬等。2008 年，12%的工业废水来自煤矿开采和洗选，以及热电生产（中国国家统计局，2009）。随着煤炭开采的扩大，农业地区的矿山侵犯了其他土地用途（Measham et al.，2013）。Li L 等（2015）认为，在煤矿开采和洗选过程中，土地的破坏占环境破坏损失的大部分。采矿对地下水位、周围水体和土地淤积的影响备受关注（Goswami S.，2015）。可见煤炭资源等矿产资源开采会对其他相关自然资源产生影响，从而影响当地经济增长。因此，本书认为自然资源开采利用活动不仅对生态环境产生污染，引起资源环境问题，同时会因自然资源禀赋优势而对其大量开采，会影响其他自然资源而综合影响经济增长。因此，本书在现有研究文献的基础上，提出假说命题，对内蒙古自然资源约束对经济增长的影响进行综合考察，并探索自然资源约束影响经济增长的主要路径。

同时发现，已有研究资源诅咒理论的文献中涉及的自然资源几乎均为可耗竭的不可再生资源，如煤炭、石油等。本书以内蒙古煤炭资源为主线，加以考虑与煤炭资源开采活动密切相关的水资源和土地资源，分析自然资源结构对经济增长的影响。

（三）内蒙古自然资源与经济增长研究文献评述

有关内蒙古自然资源与经济增长研究的文献大多数是内蒙古经济发展特征及可持续发展问题的描述性分析和理论分析，很少有文章具体实证分析自然资源约束与内蒙古经济增长之间的关系。本书以内蒙古为典型资源型地区代表，分析内蒙古自然资源约束现状，探索自然资源约束对经济增长的影响机制，并实证分析内蒙古自然资源约束对经济增长的影响，寻求缓解长期经济增长过程中自然资源约束途径。

第三章 内蒙古经济增长中自然资源承载力评价

在对资源短缺和环境污染问题的研究中,"承载力"概念得到广泛的应用和发展,用来衡量环境或生态系统承受发展和特定活动能力的限度(冯尚友,2000)。自然资源承载力是资源紧缺地区能否支撑人口、经济与环境协调发展的"瓶颈"指标(夏军和朱一中,2002),对一个国家或地区综合发展和发展规模有至关重要的影响(汤奇成和张捷斌,2001)。随着经济发展中出现不同自然资源的短缺问题,承载力的概念也出现了相应的演化和发展。学者们从不同的角度分析了各种自然资源的承载力,如草原承载力(Hadwen 等,1992)、水资源承载力(高洁等,2018)、土地资源承载力(齐亚彬,2004)、矿产资源承载力(李敏和吕义清,2018)等单体要素的承载力概念和资源环境承载力(邓伟,2010)等综合承载力概念。作为反映自然环境与人类社会经济活动相互关系程度的科学度量概念,承载力是当前可持续发展研究不可回避的极为重要的科学问题之一(邓伟,2010)。2017 年中共中央办公厅、国务院办公厅印发了《关于建立资源环境承载能力监测预警长效机制的若干意见》,推动了我国各地对资源环境承载能力的进一步研究(新华社,2017)。

本章利用承载力分析方法,分析内蒙古自然资源承载力,探索出现"资源约束"的阈值,分析自然资源约束情况,明晰内蒙古未来经济发展趋势和发展潜力,为后面自然资源约束与内蒙古经济增长之间的关联效应分析,实现内蒙古经济长期稳定增长的政策启示提供现实依据和基础铺垫。

第一节 熵权 TOPSIS 模型构建

本章构建熵权 TOPSIS 模型分析内蒙古自然资源的承载力。TOPSIS 模型是一种运用距离作为评价标准,解决有限方案多目标决策问题的综合评价方法(李灿和奉婷,2013)。通过定义目标空间中的某一测度,计算目标与正负理想解的距离,评估自然资源承载力,能够较全面、客观地反映地区自然资源承载力的动态变化趋势。熵权 TOPSIS 模型的构建如下:

1. 构建标准化评价矩阵

对原始自然资源承载力评价指标矩阵进行归一化处理,得到标准化评价矩阵。对于正向指标用式(3-1)的方法进行归一化,对于负向指标用式(3-2)的方式进行归一化处理,得到标准化矩阵[式(3-3)]。

正向指标的归一化处理公式为:

$$r_{ij} = \left[\frac{x_{ij} - \min(x_{1j}, x_{2j}, \cdots, x_{mj})}{\max(x_{1j}, x_{2j}, \cdots, x_{mj}) - \min(x_{1j}, x_{2j}, \cdots, x_{mj})} \right] \times 100$$

(3-1)

负向指标的归一化处理公式为:

$$r_{ij} = \left[\frac{\max(x_{1j}, x_{2j}, \cdots, x_{mj}) - x_{ij}}{\max(x_{1j}, x_{2j}, \cdots, x_{mj}) - \min(x_{1j}, x_{2j}, \cdots, x_{mj})} \right] \times 100$$

(3-2)

则 x_{ij} 为第 i 个指标的第 j 个年份的数值($i = 1, 2, \cdots, m; j =$

1, 2, …, n)。

$$R = \begin{bmatrix} r_{11} & \cdots & r_{1n} \\ \vdots & \ddots & \vdots \\ r_{m1} & \cdots & r_{mn} \end{bmatrix} \quad (3-3)$$

2. 确定指标权重

（1）计算第 i 项指标下第 j 个样本占该指标的比重。

$$p_{ij} = \frac{r_{ij}}{\sum_{j=1}^{n} r_{ij}} \quad (i = 1, 2, \cdots, m; j = 1, 2, \cdots, n) \quad (3-4)$$

（2）计算第 j 项指标的熵值。

$$e_i = -k \sum_{j=1}^{n} p_{ij} \ln(p_{ij}), \text{ 其中 } k > 0, k = \frac{1}{\ln(n)}, e_i \geq 0 \quad (3-5)$$

（3）计算各指标的权重。

$$w_i = g_i \Big/ \sum_{i=1}^{m} g_i \quad (1 \leq i \leq m) \quad (3-6)$$

其中，g_i 为第 i 项指标的差异系数，$g_i = \frac{1 - e_i}{m - E_e}$（$E_e = \sum_{i=1}^{m} e_i$，$0 \leq g_i \leq 1$，$\sum_{i=1}^{m} g_i = 1$）。

3. 构建基于熵权的评价矩阵

为了更加客观地分析自然资源承载力，利用熵权 w_i 构建加权规范化评价矩阵 Y [式（3-7）]。

$$Y = \begin{bmatrix} r_{11} \cdot w_1 & \cdots & r_{1n} \cdot w_1 \\ \vdots & \ddots & \vdots \\ r_{m1} \cdot w_m & \cdots & r_{mn} \cdot w_m \end{bmatrix} \quad (3-7)$$

4. 距离计算

本书采用欧式距离计算公式，分别计算第 i 个指标与正负理想值（y_i^+、y_i^-）的距离，分别记为 D_j^+ 和 D_j^-。

$$Y^+ = \{\max_{1\leq i\leq m} y_{ij}, i=1,2,\cdots,m\} = \{y_1^+, y_2^+, \cdots y_m^+\} \quad (3-8)$$

$$Y^- = \{\min_{1\leq i\leq m} y_{ij}, i=1,2,\cdots,m\} = \{y_1^-, y_2^-, \cdots y_m^-\} \quad (3-9)$$

$$D_j^+ = \sqrt{\sum_{i=1}^m (y_i^+ - y_{ij})^2} \quad (3-10)$$

$$D_j^- = \sqrt{\sum_{i=1}^m (y_i^- - y_{ij})^2} \quad (3-11)$$

式中，y_{ij} 为 $r_{11} \cdot w_1$，即第 i 个指标第 j 年加权后的规范化值，y_i^+ 和 y_i^- 分别为第 i 个指标在 n 年终取值最理想和最不理想的方案。

5. 计算自然资源承载力与理想解的贴近度

贴近度表示自然资源承载力接近最优理想值的程度，记为 T_j，其值越大，表明该年自然资源承载力越接近承载最优水平。当 $T_j = 0$ 时自然资源承载力最低；当 $T_j = 1$ 时自然资源承载力最高。其计算公式如下：

$$T_j = \frac{D_j^-}{D_j^+ + D_j^-} \quad (3-12)$$

第二节 内蒙古煤炭资源承载力评价及约束分析

一 煤炭资源供给分析

内蒙古资源储量丰富，是中国发现新矿物最多的省份，特别是煤炭资源处于我国北方露天矿群的集中地带。截至2020年底，内蒙古煤炭资源保有储量为5179.13亿吨，居全国第一位。内蒙古煤炭资源集中分布在鄂尔多斯市的东胜煤田和准格尔煤田、呼伦贝尔市的陈巴尔虎煤田、锡林郭勒盟的胜利煤田和白音华煤田、通辽市的霍林河煤田，占全区总量的90%以上，为规模化开发提供了便利条件。内蒙古煤炭资源年产量从 2000 年的 7247 万吨逐年增加到 2012 年时的最高点 10.66 亿吨,由于资源环境问题对"五小"企业进行关停处理,2012 年后煤炭资源产量逐渐减少,2016 年的煤炭产量为 8.46 亿吨。同时,内蒙古作为我国重要能源战略基地,是全国煤炭供应的主力军之一。内蒙古大力推进资源整合、优化过剩产能、释放优质产能,实施各项增产保供措施,使得内蒙古煤炭产量从 2017 年开始逐渐提升。人均 GDP 从 2000 年的 6502 元增加到 2020 年的 7.2 万元,内蒙古成为我国经济发展速度最快的省份之一。不可否认煤炭资源为内蒙古经济发展提供了强劲的动力(见图 3-1)。

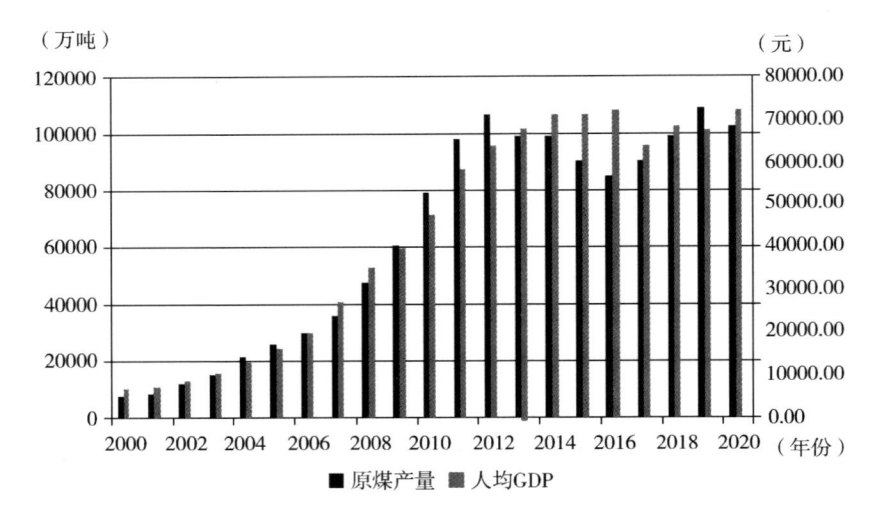

图 3-1 内蒙古 2000—2020 年煤炭资源供给和人均 GDP 走势

资料来源:2001—2021 年《内蒙古统计年鉴》。

内蒙古丰富的煤炭资源为其经济发展带来一定优势的同时,由于其绿色生产技术等的滞后对资源环境造成了破坏和污染。煤炭资源开采活动对水资源和土地资源产生直接影响的同时,煤炭资源开采可能会通过水资源间接影响土地资源。内蒙古是世界上最大的

"露天煤矿"之乡，中国五大露天煤矿中有四个在内蒙古。随着煤炭开采的扩大，农业地区矿山侵犯其他土地用途（Measham et al.，2013）。农业需要长期维持土地的生产力和水源的完整性，而露天采煤涉及对土地形式和土壤肥力的不可弥补的损害以及对供水的不可估量的危险（Connor L. H.，2016）。"十五"时期，国家把可持续发展战略放在更高的位置。为了响应国家发展战略，21世纪以来，内蒙古按照建设"资源节约型、环境友好型社会"和"美丽与发展双赢"的思路，开展了针对"五小"企业①的关停行动。为了生态文明建设和绿色发展，我国制定能源双控目标，引导转变发展理念。"十一五"规划把单位GDP能耗降低作为约束性指标，"十二五"规划在把单位GDP能耗降低作为约束性指标的同时，提出合理控制能源消费总量的要求，"十三五"时期实施能耗"双控"行动以及2020年提出了"双碳目标"。在上述推进生态文明建设，解决资源约束趋紧、环境污染严重的重要举措下，处理好煤炭资源开采利用、社会经济发展和生态环境之间的关系是内蒙古社会经济长期稳定发展需要解决的关键问题。

二 煤炭资源承载力评价

（一）指标选取与数据来源

相对于土地资源和水资源承载力分析，我国对煤炭资源等矿产资源的承载力研究较少，同时已有矿产资源研究文献主要根据矿产资源人口承载力和矿产资源经济承载力计算公式（侯华丽，2007），从资源供给角度单方面地考虑矿产资源能够支撑的人口和经济规模。少有文献考虑矿产资源、经济社会和生态环境问题，所以本书所

---

① "五小"企业是指浪费资源、技术落后、质量低劣、污染严重的小煤矿、小炼油、小水泥、小玻璃、小火电等。

参考的指标选取依据比较少。鉴于此，本书依据土地资源和水资源承载力研究文献所包含的综合因素，构建了考虑煤炭资源、生态环境、社会经济和人口发展系统的综合评价指标体系（详见表3-1）。

表3-1　　　内蒙古煤炭资源、生态环境、社会经济和人口发展系统的综合评价指标体系

目标层	准则层	指标层	指标标记	指标计算方法	指标选取意义
煤炭资源承载力	煤炭资源系统指标	人均煤炭资源产量（t/人）	$X_{1,1}$	原煤产量/区域总人口	反映区域煤炭资源丰、缺状态及发展潜力
		原煤产量（10^4t）	$X_{1,2}$	全区原煤生产量的总和	反映区域煤炭资源整体丰裕程度
		煤炭资源开发利用率（%）	$X_{1,3}$	原煤产量/煤炭资源储量	反映煤炭资源开发利用状况
	生态环境系统指标	工业污水排放量（10^4t）	$X_{2,1}$	经过厂区所有排放口排到企业外部的工业废水量之和	反映区域生态环境状况
		工业固体废物排放量（10^4t）	$X_{2,2}$	企业生产过程中固体状、半固体状和高浓度液体状废弃物的总和	反映区域生态环境状况
		矿山占用破坏土地面积（hm²）	—	采矿宕口、固体废弃物堆放场及采矿滑坡、崩塌地址灾害破坏的土地面积总和	反映矿产资源开采对土地的破坏状况
		土地沙化比例（%）	$X_{2,3}$	沙化土地面积/区域土地面积	反映区域生态状况
		森林覆盖率（%）	$X_{2,4}$	森林面积/区域土地面积	反映区域生态状况
		湿地比例（%）	$X_{2,5}$	湿地面积/区域土地面积	反映区域生态状况

续表

目标层	准则层	指标层	指标标记	指标计算方法	指标选取意义
煤炭资源承载力	社会经济系统指标	工业固体废物处理率（%）	$X_3,1$	固体废物处理量/固体废物产生量	反映社会发展水平
		工业用煤定额（t/万元）	$X_3,2$	工业煤炭资源消费量/工业增加值	反映工业耗能水平
		万元GDP用煤量（t/万元）	$X_3,3$	煤炭资源总消费量/GDP	反映经济耗能水平
		城市人口比例（%）	$X_3,4$	城镇人口/区域总人口	反映社会发展水平与人口素质
		人均GDP（元）	$X_3,5$	GDP总量/区域总人口	反映区域整体经济状况
	人口发展系统指标	人口密度（人/hm²）	$X_4,1$	区域总人口/区域土地面积	反映单位土地面积人口压力
		人口自然增长率（‰）	$X_4,2$	年净增人数/年平均人口	反映人口对区域煤炭资源的动态压力
		人均煤炭资源消费量（t/人）	$X_4,3$	煤炭资源总消费量/区域总人口	反映区域人口用煤水平
		人口总数（万人）	$X_4,4$	每年12月31日24时的人口数之和	反映区域总人口压力

资料来源：作者整理。各指标统计数据来源于2000—2021年《内蒙古统计年鉴》、《内蒙古自治区水资源公报》、《国家统计年鉴》、《中国环境统计年鉴》和万德（Wind）数据库，指标数据是笔者根据统计数据，按上表公式计算而得。

（二）煤炭资源各指标权重计算

煤炭资源承载力系统是一个多层次的多指标系统，其各层次及各指标之间相互影响、相互制约，需要综合考虑各指标对承载力的贡献作用。因此，本书计算煤炭资源承载力指标权重时用熵权法兼顾指标的变异程度，客观反映各指标重要性。对原始数据运用式（3-1）、式（3-2）进行归一化后，采用式（3-6）确定各指标的权重，结果如表3-2。其中矿山占用破坏土地面积指标部分年份数据缺失，为了避免影响计算结果，在计算承载力过程中剔除了该指标。但是，此指标反映煤炭资源开采与土地资源之间的相互影响关系，所以本书将在煤炭资源约束评价小节中着重讨论该指标。

表3-2　　　内蒙古煤炭资源承载力评价指标权重

指标	$X_1,1$	$X_1,2$	$X_1,3$	$X_2,1$	$X_2,2$	$X_2,3$	$X_2,4$	$X_2,5$	$X_3,1$
权重	0.0841	0.0573	0.0773	0.0418	0.0262	0.1137	0.0423	0.1539	0.0436
指标	$X_3,2$	$X_3,3$	$X_3,4$	$X_3,5$	$X_4,1$	$X_4,2$	$X_4,3$	$X_4,4$	
权重	0.0365	0.0581	0.0454	0.0565	0.0388	0.0451	0.0402	0.0388	

（三）煤炭资源承载力综合评价

按照式（3-8）、式（3-9）确定正负理想解，再利用式（3-10）、式（3-11），结合加权规范化矩阵，在求出2000—2020年内蒙古煤炭资源承载力与正负理想解的距离的基础上，利用式（3-12）计算内蒙古煤炭资源承载力贴近度，进行煤炭资源承载力综合评价，结果如表3-3。

表3-3　　　内蒙古煤炭资源承载力综合评价

年份	D_j^+	D_j^-	T_j
2000	0.258	0.082	0.242
2001	0.254	0.076	0.230
2002	0.254	0.061	0.193
2003	0.258	0.055	0.176

续表

年份	D_j^+	D_j^-	T_j
2004	0.259	0.056	0.177
2005	0.254	0.058	0.186
2006	0.247	0.060	0.195
2007	0.241	0.066	0.216
2008	0.232	0.078	0.252
2009	0.228	0.085	0.270
2010	0.198	0.117	0.371
2011	0.192	0.124	0.391
2012	0.184	0.133	0.419
2013	0.086	0.213	0.712
2014	0.081	0.220	0.731
2015	0.087	0.223	0.718
2016	0.096	0.195	0.669
2017	0.089	0.209	0.702
2018	0.083	0.224	0.729
2019	0.080	0.238	0.748
2020	0.080	0.252	0.760

为了更明确地评价自然资源承载力，参照已有研究文献，建立了分级评价标准。分值在0—1，分值越高表示承载力越强，0.6分为基本标准，0.6分以上表示资源承载力可以满足经济社会可持续发展需求；具体分级为：（0—0.2］表示弱承载力，（0.2—0.4］表示低承载力，（0.4—0.6］表示中级承载力，（0.6—0.8］表示较高承载力，（0.8—1］表示很高的承载力（郭志伟，2008）。上述分级评价标准同样适用于接下来的水资源、土地资源和煤炭、水、土地资源综合承载力分析。

内蒙古煤炭资源承载力实际反映了煤炭资源开发利用与生态环境等多种因素对经济发展产生的综合作用。由表3-3可以看出，内蒙古 2000—2020 年煤炭资源承载力评价分值变化区间为 0.176—0.760，总体呈上升趋势，但在个别年份有所波动。具体来看，最小值出现在 2003 年，最大值出现在 2020 年，除 2001—2003 年下降外，2002—2006 年承载力在（0.1—0.2］，虽然逐年上升但差别不大，均在 0.2 附近，承载力较弱；2007—2011 年煤炭资源承载力在（0.2—0.4］并逐年增加，在此期间承载力仍然较低；2013—2020 年煤炭资源承载力在［0.6—0.8］，其中 2013—2016 年承载力呈下降趋势，下降到 2016 年的 0.669，再从 2017 年逐年增加，到 2020 年时达到最高值 0.76，在此期间煤炭资源承载力比较强。

三　煤炭资源约束分析

从煤炭资源承载力波动变化来看，煤炭资源对内蒙古经济增长的贡献不是由单方面的煤炭资源产量决定的，而是由随煤炭资源开采规模的扩大而变化的生态环境、社会环境等诸多因素对经济产生的综合影响决定的。从图 3-2 中筛选出的煤炭资源综合承载力、煤炭资源产量以及与其密切相关的水资源环境和土地资源环境指标变化趋势可以发现，2000—2007 年煤炭资源产量逐年增加，但是由于处在粗放型开采阶段，矿产资源利用效率低下，对资源环境带来的负效用比较大，工业污水排放量等负向指标未见下降趋势，在多个指标的综合影响下，煤炭资源承载力一直在低位置徘徊；2008—2012 年内蒙古煤炭资源产量直线上升，到 2012 年时达到了较高值，但是由于矿山占用破坏土地面积和工业污水排放量等环境指标也逐年增加，煤炭资源承载力并没有随着煤炭资源产量的直线上升而出现跳跃式的增加，在此期间煤炭资源承载力在（0.2—0.4］，承载力较低。2012 年以后煤炭资源市场低迷以及国家供给侧结构性改革的进行，加之 2014 年内蒙古政府出台了《关于加快发展重点煤炭企业的指导意见》（下称"新《意见》"）①，鼓励大型煤炭企业规模化发展，促使企业兼并。接着"十三五"时期实施能耗"双控"行动以及2020年提出的"双碳目标"，内蒙古积极推进生态文明建设，实施解决资源约束趋紧、环境污染严重的重要举措。2012年以后煤炭资源承载力出现了直线上升趋势，煤炭资源对内蒙古经济的贡献较高。可见，煤炭资源的开采利用需要兼顾资源环境等综合因素，虽然煤炭资源开采有利于经济发展，但对资源环境带来的负面效应会降低煤炭资源承载力；煤炭企业的兼并，小企业关停等活动虽然在一定程度上减少了煤炭资源产量，但是企业规模化发展，提高了资源利用效率和污水处理能力，减少了资源环境的污染，煤炭资源承载力也随之提高。所以，资源开采与生态环境的协调才能实现经济的可持续发展。总体而言，内蒙古煤炭工业逐步由数量扩张型转向质量效益型，煤炭资源承载力良好，对内蒙古经济社会发展仍有较强的贡献。

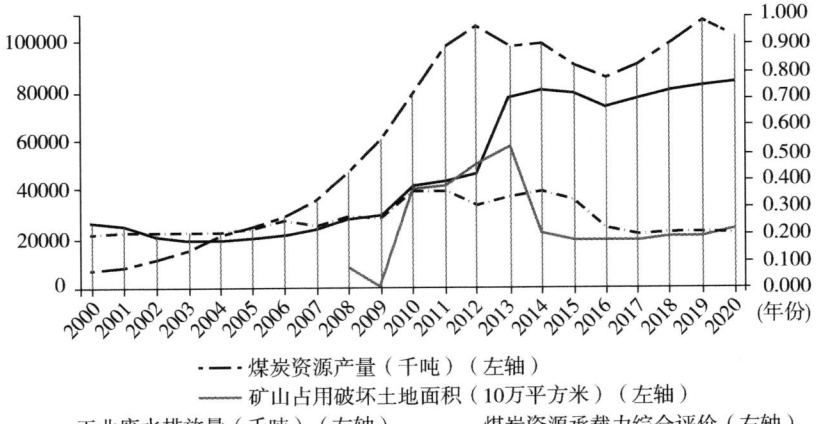

图3-2 2000—2020年煤炭资源承载力及相关指标走势

资料来源：根据2001—2021年《内蒙古统计年鉴》数据计算而得。

---

① 内蒙古自治区人民政府：《内蒙古自治区人民政府关于加快发展重点煤炭企业的指导意见》，2014年5月20日。http://www.nmg.gov.cn/art/2014/5/20/art_1686_137308.html。

本书所述的自然资源约束表现形式主要有以下两种：一是，从自然资源稀缺角度出发的自然资源的总量控制型约束；二是，从自然资源禀赋优越角度出发的自然资源结构控制型约束。对于内蒙古煤炭资源来说，在短期之内几乎不会对经济产生资源总量控制型约束，但是内蒙古煤炭资源的相对丰裕，容易引致自然资源产业吸引和控制经济增长要素，改变要素结构，出现产业结构畸形。即内蒙古煤炭资源丰裕可能会产生资源结构控制型约束。有关其他自然资源约束情况以及多种自然资源综合约束情况将在接下来的章节中讨论。

第三节　内蒙古水资源承载力分析及约束评价

一　水资源供给分析

内蒙古是我国水资源最缺乏的省份之一，从历年数据来看，内蒙古水资源总量占全国水资源总量比值最小时达 1.08%，最大时达 3.43%，大多数情况下占比处在 1.5% 左右的位置（见图 3-3）。2017 年全区水资源总量为 309.92 亿立方米，占全国水资源总量的 1.08%，达到最低值，平均产水系数为 0.13，平均产水模数为 2.68 万立方米/平方千米。内蒙古水资源分布不均匀，且与人口和耕地分布不相适应。东部地区黑龙江流域土地面积和耕地面积分别占全区的 27% 和 20%，人口占全区的 18%，而水资源总量占全区的 67%；中西部地区人口较多，耕地面积占全区的 30%，人口占全区的 66%，但水资源仅占全区的 24%，大部分地区水资源紧缺[①]。

---

① 数据来自内蒙古自治区人民政府网，http://www.nmg.gov.cn/col/col210/index.html。

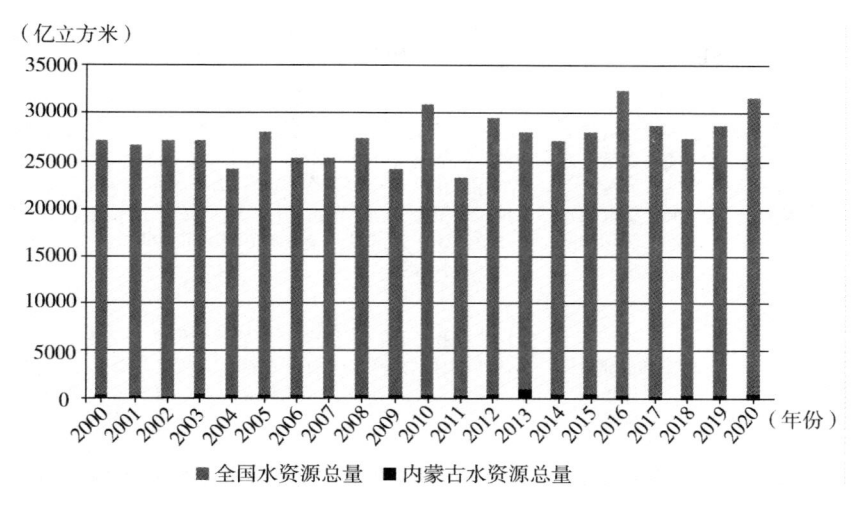

图 3-3　2000—2020 年内蒙古水资源总量与全国水资源总量对比

资料来源：2001—2021 年《内蒙古统计年鉴》。

二　水资源承载力评价

（一）指标选取与数据来源

诸多学者从经济的角度对水资源承载力进行了丰富的讨论，但由于指标选取和分析方法的不同，其得出的结论不同，存在代表性不足等问题。本书为了全面和客观地分析内蒙古水资源承载力，在总结国内现有水资源承载力评价指标体系的基础上，结合研究区域实际，构建了水资源、生态环境、社会经济和人口符合系统综合评价指标体系。目前国内具有代表性的水资源承载力评价指标总结如表 3-4 所示。

表 3-4　　　　　　　水资源承载力评价指标总结

作者及年份	分类指数	单项指标
高洁等（2018）	水资源承载力检测预警 水环境承载力检测预警	人均水资源占有量、区域用水总量；万元工业增加值耗水、万元 GDP 耗水、水功能区水质达标率等

续表

作者及年份	分类指数	单项指标
朱一中等（2002）	水资源供给能力 水环境容量 人口发展 社会经济发展 水资源区际调配产品交换	水资源总量、人均水资源量、可采水量与用水总量比值、水体污染COD浓度、总人口、人口增长率、人均耗水量、单位水资源GDP、单位水资源农灌面积、单位水资源工业产值、万元GDP废水排放量、GDP产值、GDP增长速度、水资源调入量和调出量、区际贸易交换差额等
刘佳骏等（2011）	水资源系统指标 社会系统指标 经济系统指标 生态系统指标 综合协调指标 水资源与社会系统协调指标 水资源与经济系统协调指标 水资源与生态系统协调指标	国土面积、单位面积水资源量、水资源开发利用率、水质综合达标率、水资源总量、多年平均降水量、供水模数、产水模数、人口密度、人口自然增长率、城市人口比例、生活污水达标处理率、生活用水定额、人口数、人均GDP、GDP增长率、万元工业增加值耗水、农业用水定额、灌溉覆盖率、灌溉用水定额、工业废水处理达标率、生态环境用水率、水污染综合指数、森林覆盖率、湿地比例、化学需氧量排放量、土地荒漠化比例、地面沉降比例、水资源供需平衡指数、耗水率、用水总量、人均耕地面积、单位耕地面积水资源占有量、人均用水量、自然灾害损失率、人均水资源量、饮水安全人口比例、单位GDP用水量、万元GDP污水生产量、生态环境缺水率等
赵强等（2018）	水资源条件 社会经济条件 生态环境条件	人均水资源量、水资源利用率、供水模数、降雨量、人均GDP、人口密度、人均生活用水量、万元GDP用水量、万元工业产值用水量、万元农业产值用水量、耕地灌溉率、生态环境用水率、森林覆盖率等
朱一中等（2005）	水资源子系统 生态环境子系统 社会经济发展子系统	人均水资源、水资源利用率、人均用水量、林草覆盖率、污水处理达标率、生态需水率、人口自然增长率、城市化水平、人均GDP、第三产业占GDP比重、人均粮食占有量、用水效率等

资料来源：作者根据相关文献研究整理而得。

本书参考已有水资源承载力研究文献的指标选取依据，结合内蒙古实际情况，选取了反映内蒙古水资源的利用情况和水资源供给情况指标，兼顾该区域生态环境、社会经济和人口效应，按照可操作性、系统性、层次性等基本评价原则，构建了水资源、生态环境、社会经济和人口发展系统综合评价指标体系（详见表3-5）。

表 3-5　内蒙古水资源、生态环境、社会经济和人口发展系统综合评价指标体系

目标层	准则层	指标层	指标标记	指标计算公式	指标选取意义
水资源承载力	水资源系统指标	水资源总量（$10^8 m^3$）	$X_1,1$	统计数据	反映区域水资源整体丰裕程度
		水资源开发利用率（%）	$X_1,2$	除生态环境用水之外的平均用水量/平均当地水资源量	反映水资源开发利用状况
		平均降水量（$10^8 m^3$）	$X_1,3$	统计数据	反映区域自然降水补给程度
		供水模数（$10^4 m^3/hm^2$）	$X_1,4$	供水量/区域土地面积	反映区域单位面积供水保障程度
	生态环境系统指标	水功能区水质达标率（%）	$X_2,1$	统计数据	反映区域水资源质量
		湿地比例（%）	$X_2,2$	湿地面积/区域土地面积	反映水资源更新基础
		土地沙化比例（%）	$X_2,3$	沙化土地面积/区域土地面积	反映区域生态状况
	社会经济系统指标	生活用水定额（$m^3/d·人$）	$X_3,1$	生活用水量/区域总人口/365d	反映节水状况
		万元 GDP 用水量（$m^3/万元$）	$X_3,2$	用水总量/GDP	反映经济用水水平
		灌溉覆盖率（%）	$X_3,3$	有效灌溉面积/耕地面积	反映区域农业灌溉发展情况
		人均 GDP（元）	$X_3,4$	GDP 总量/区域总人口	反映区域整体经济状况
		人口密度（人/hm^2）	$X_4,1$	区域总人口/区域土地面积	反映单位土地面积人口压力
		人口自然增长率（%）	$X_4,2$	年净增人数/年平均人口	反映人口对区域水资源的动态压力

续表

目标层	准则层	指标层	指标标记	指标计算公式	指标选取意义
水资源承载力	人口发展系统指标	人均用水总量（m³/人）	$X_4,3$	用水总量/区域总人口	反映区域人口生产、生活用水水平

资料来源：作者整理。各指标统计数据来源于2000—2021年《内蒙古统计年鉴》、《内蒙古自治区水资源公报》、《国家统计年鉴》、《中国环境统计年鉴》和万德（Wind）数据库。

（二）水资源各指标权重计算

水资源承载力系统是一个多层次的多指标系统，其各层次及各指标之间相互影响、相互制约，需要综合考虑各指标对承载力的贡献。因此，本书计算水资源承载力指标权重时用熵权法兼顾指标的变异程度，客观反映各指标重要性。对原始数据运用式（3-1）、式（3-2）进行归一化后，采用式（3-6）确定各指标的权重，结果见表3-6。其中水功能区水质达标率指标部分年份数据缺失，为了避免影响计算结果，在计算承载力过程中剔除了该指标。但是，此指标反映了区域水资源质量，本书将在水资源约束评价小节讨论该指标。

表3-6　　　　内蒙古水资源承载力评价指标权重

指标	$X_1,1$	$X_1,2$	$X_1,3$	$X_1,4$	$X_2,2$	$X_2,3$	$X_3,1$
权重	0.072	0.024	0.073	0.032	0.220	0.221	0.040
指标	$X_3,2$	$X_3,3$	$X_3,4$	$X_4,1$	$X_4,2$	$X_4,3$	
权重	0.029	0.036	0.072	0.065	0.057	0.059	

（三）水资源承载力综合评价

按照式（3-8）、式（3-9）确定正负理想解，再利用式（3-10）、式（3-11），结合加权规范化矩阵，求出2000—2020年内蒙古水资源承载力与正负理想解的距离，利用式（3-12）计算内蒙古水资源承载力贴近度，进行水资源承载力综合评价，如表 3-7。

表 3-7　　　　　　内蒙古水资源承载力综合评价

年份	水资源承载力与正理想值的距离（D_j^+）	水资源承载力与负理想值的距离（D_j^-）	水资源承载力与理想值的贴近度（T_j）
2000	0.343	0.084	0.196
2001	0.346	0.066	0.159
2002	0.343	0.059	0.147
2003	0.336	0.095	0.220
2004	0.339	0.077	0.184
2005	0.336	0.079	0.191
2006	0.336	0.073	0.178
2007	0.338	0.078	0.187
2008	0.327	0.095	0.225
2009	0.331	0.085	0.204
2010	0.306	0.100	0.247
2011	0.307	0.102	0.249
2012	0.298	0.128	0.301
2013	0.196	0.266	0.576
2014	0.201	0.255	0.559
2015	0.206	0.253	0.551
2016	0.086	0.336	0.797
2017	0.112	0.331	0.748
2018	0.090	0.339	0.791
2019	0.112	0.327	0.745
2020	0.113	0.331	0.745

由表 3-7 水资源承载力综合评价计算结果可以看出，内蒙古 2000—2020 年水资源承载力评价分值变化区间为 0.147—0.797，最小值出现在 2002 年，最大值出现在 2016 年；2000—2007 年内蒙古水资源承载力均低于 0.2，水资源承载力处于弱承载力水平；2008—2012 年内蒙古水资源承载力评价分值均在（0.2—0.4］，表示内蒙古

水资源承载力较低；2013—2015 年，水资源承载力处在（0.4—0.6］，表示内蒙古水资源承载力达到中级承载力水平；2016—2020 年，内蒙古水资源承载力在（0.6—0.8］，处在较高的承载力水平，基本满足社会经济可持续发展需求。总体来讲，2000—2020 年内蒙古水资源承载力在波动中提高，逐渐从 2000 年的弱承载力依次经过低承载力和中级承载力水平，到 2016 年进入较高承载力水平，基本达到满足经济社会可持续发展需求的能力。

三 水资源约束分析

在内蒙古水资源承载力综合评价的基础上，从内蒙古水资源利用实际出发，从水资源和水环境两个角度，选取人均水资源占有量、区域用水总量、万元工业增加值耗水、水功能区水质达标率四个指标，依据国际、国家和地方水资源管理准则或行业标准以及相关研究成果，划分红、橙、黄三级检测预警指标阈值区间，分析内蒙古水资源约束情况。

人均水资源占有量红色预警阈值的确定参照联合国可持续发展委员会研究确定的人均水资源占有量（1760m^3）（张利平等，2009），橙色和黄色预警线参考高洁等（2016）估算结果，分别为［1760，2017）和［2017，8000）。区域用水总量、万元工业增加值耗水和水功能区水质达标率阈值划分参考 2014 年出台的《关于实行最严格水资源管理制度的实施意见》（内蒙古自治区水利厅，2014）中相关考核细则[①]。区域用水总量红色和橙色预警阈值分别为细则中的 2020 年和 2015 年全区用水总量限制水平，即 211.57 亿立方米和 199 亿立方米，黄色预警阈值以红色和橙色阈值为基础依次递减即

---

① 确立水资源开发利用控制红线，到 2015 年、2020 年和 2030 年全区用水总量分别控制在 199 亿立方米（不包括黑河水量，下同）、211.57 亿立方米和 236.25 亿立方米以内。

[186.43，199）；万元工业增加值耗水红色阈值为达到考核标准的最低要求：大于等于 29m³①，橙色和黄色预警阈值以红色预警阈值为基础依次递减；水功能区水质达标率红色预警阈值为达到考核标准的最低要求：大于等于 52%②，橙色和黄色预警阈值分别为［52，71），[71，95）。具体水资源承载力检测预警指标阈值区间见表 3-8。

表 3-8　　　　内蒙古水资源承载力检测预警指标阈值区间

指标	黄色预警	橙色预警	红色预警
人均水资源占有量/m³	[2017，8000)	[1760，2017)	<1760
区域用水总量/10⁸m³	[186.43，199)	[199，211.57)	≥212
万元工业增加值耗水/m³	[13，21)	[21，29)	≥29
水功能区水质达标率（%）	[71，95)	[52，71)	<52

资料来源：作者依据国际、国家和地方水资源管理准则或行业标准以及相关研究成果设定。

在设定内蒙古水资源承载力检测预警阈值的基础上，选用 2000—2020 年数据分析 20 年间内蒙古水资源承载力检测预警指标动态变化情况，分别用红、橙、黄三种颜色水平线表述不同指标的三个预警临界值，其中人均水资源占有量指标中由于黄色预警临界值高达 8000m³，没有一年数据超越这一值，所以未画黄色预警线。从图 3-4（a）可知，从 2000—2020 年人均水资源占有量指标变化趋势看，大多数年份数据处在红色预警线以下水平，大约 4 年数据处在橙色预警区间，6 年数据处在黄色预警区间，表示内蒙古人均水资源量严重缺乏，水资源紧缺，成为制约经济社会可持续发展的"瓶

---

① 数据根据内蒙古自治区 2010 年实际万元工业增加值耗水计算得出，《关于实行最严格水资源管理制度的实施意见》中细则规定到 2015 年内蒙古万元工业增加值耗水总量比 2010 年下降 27%。

② 确立水功能区限制纳污红线，到 2015 年、2020 年和 2030 年重要江河湖泊水功能区水质达标率分别为 52%、71% 和 95% 以上。

颈"；从图3-4（b）可知，区域用水总量呈上升的趋势，从2016年以来，直到2020年，用水总量增加，从无风险预警进入黄色预警风险区；从图3-4（c）可知，区域水资源利用效率提高显著，万元工业增加值耗水从2000年开始逐年下降，到2019年时下降到橙色预警区间，表示内蒙古工业用水效率的大幅提高；从图3-4（d）可知，6年数据处在红色预警区间，6年数据处在橙色预警区间（因水功能区水质达标率指标数据可获性，本书只分析了2007—2018年的变化趋势），表示内蒙古水资源污染严重，但总体趋势来看，随着时间的推移水污染情况有所改善。

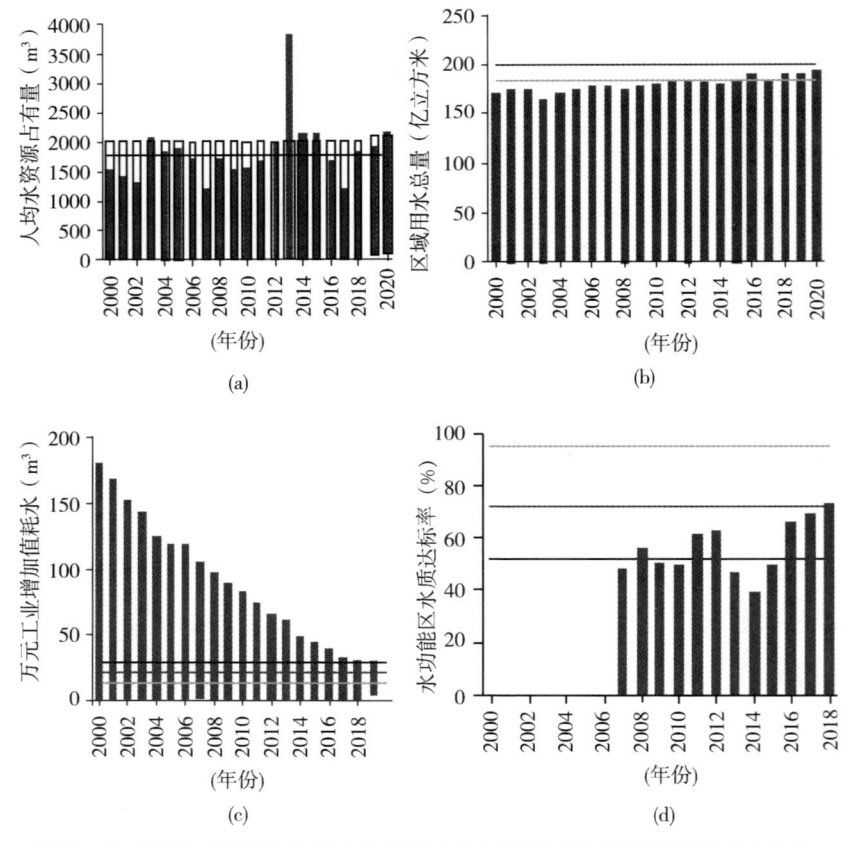

图3-4　2000—2020年内蒙古自治区水资源承载力检测预警指标动态变化

资料来源：2001—2021年《内蒙古统计年鉴》。

通过上述分析发现，内蒙古自治区水资源短缺、水污染严重、水环境恶化等问题仍存在。在一方面由于水资源数量短缺制约社会经济的发展，另一方面由于与其他自然资源的综合作用，水资源短缺抑制社会经济可持续发展。内蒙古为了实现生态文明建设，推进社会经济和生态环境协调发展，需要有效保护水资源，进一步提高水环境质量，减少污染物排放量，同时加大减少万元工业增加值耗水量，提高水资源利用效率。

第四节 内蒙古土地资源承载力评价及约束分析

一 土地资源供给分析

内蒙古土地面积约1183000平方千米，占全国的12.28%。地形地势在内部结构上有明显的差异，其中高原约占地区总面积的53.4%，山地占20.9%，丘陵占16.4%，平原与滩川地占8.5%，河流、湖泊、水库等水面面积占0.8%。土地利用方面，2020年牧草地面积为5417.19万公顷，占内蒙古土地总面积的45.79%，总播种面积为888.3万公顷，其中粮食作物播种面积为683.3万公顷，经济作物播种面积为205万公顷；城区面积为23.52万公顷，其中城市建设用地面积为9.98万公顷，占城区面积的42.43%。从农业用地结构可见，内蒙古农业用地面积中一半以上的土地为牧草地，突出显示了内蒙古是我国最大牧业区的特征。随着经济发展，牧草地面积从2003年的6622.23万公顷逐渐减少到2017年的4950.7万公顷，之后有所增加，增加到2019年的5417.19万公顷；耕地面积从2000年的731.7万公顷增加到2019年的1149.65万公顷，增加了417.95万公顷（见图3-5）。从生态环境方面看，2020年内蒙古森林面积为2615万公顷，占内蒙古土地总面积的22.1%；湿地面积为6010.6万公顷，占内蒙古土地总面积的50.81%；

沙化土地面积为4078.79万公顷，占内蒙古土地总面积的34.48%。内蒙古土地沙化程度较严重，这与内蒙古水资源缺乏和水资源分布不均匀相关。如何合理利用水资源和土地资源等自然资源，使资源、环境、人口和社会经济协调发展是内蒙古经济持续稳定增长面临的最大考验。

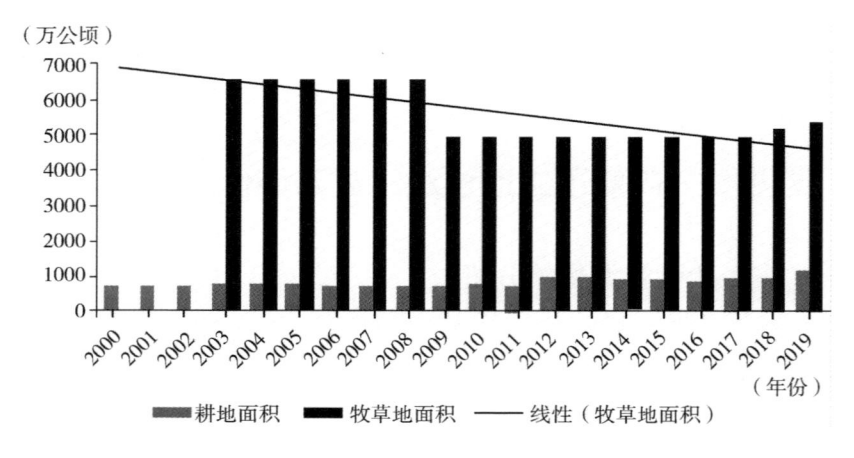

图3-5 2000—2019年内蒙古农业用地面积结构变化

资料来源：2001—2021年《内蒙古统计年鉴》。

二 土地资源承载力分析

（一）指标选取与数据来源

土地资源承载力研究是自然资源承载力研究中研究时间最长、研究角度最丰富的一个话题。但是到目前为止还没有形成一个统一的概念界定、衡量标准和指标体系，土地资源承载力研究在争论中不断完善和发展。本书为了全面和客观地分析内蒙古土地资源承载力，在总结国内现有土地资源承载力评价指标体系的基础上，结合研究区域实际，借鉴联合国粮农组织的评价思路和框架（FAO, 1997），构建了内蒙古土地资源、生态环境、社会经济和人口发展系统综合评价指标体系。目前国内具有代表性的土地资源承载力评价指标总结如表 3-9 所示。

表 3-9　　　　　　　　土地资源承载力评价指标总结

作者及年份	分类指数	单项指标
郭志伟（2008）	耕地人口承载力 建设用地承载力 土地生态承载力	粮食生产总量、农业人口人均粮食消费水平、耕地总量、农业人口人均耕地面积等；单位建设用地面积财政收入、单位建设用地面积GDP、单位建设用地面积吸纳就业人口、城乡建筑容积率、城乡建筑覆盖率、常住人口密度、人均占用建设用地、建设用地供给规模等；林木绿化率、城镇绿化覆盖率、人均公园绿地面积、空气质量二级和好于二级天数达标率、再生水利用率、生活垃圾无害化处理率等
高洁等（2018）	生产性用地检测预警 生态用地检测预警	人均粮食产量、人均耕地面积、草蓄平衡指标、城市人均建设用地数量、草地退化程度、生态用地占比等
齐亚彬（2004）	经济资源指标 社会资源指标 自然资源指标 环境资源指标	GDP 增长率、人均 GDP、第三产业占 GDP 比重、城镇居民年人均可支配收入、农村居民年人均纯收入、恩格尔系数、R&D 占 GDP 比重、人口自然增长率、人均水资源量、万元 GDP 耗水量、人均土地面积、建筑容积率、人均近海域面积、万元 GDP 耗能量、空气中 SO_2 含量浓度、空气中可吸入颗粒含量浓度、空气达标指数、地表水达标级别、污水处理率、工业固体废物综合利用率、绿化覆盖率近海海水污染率等
黄宇驰等（2017）	承载强度 承载效率 承载潜力	建设用地占比、工业用地占比、人口密度、单位土地污染物排放密度、单位土地 GDP 产出率、单位工业用地的工业增加值产出、单位建设用地三产增加值产出率、单位农业用地产出率、人均公园绿地面积、林地占比、水域面积占比、人均交通用地等
刘明和高林（2015）	人口承载力 社会经济发展承载力 生态环境承载力	人均土地面积、人均住房建筑面积、人均土地道路面积、人均建成区面积、人均耕地面积、城市建设用地面积、工业用地比例、地均就业人口、地均 GDP、地均二三产业增加值、建成区绿化覆盖率、林地覆盖率、城镇污水集中处理率、城镇垃圾无害化处理率等

资料来源：作者整理。

本书参考已有土地资源承载力研究文献的指标，结合内蒙古实际情况，选取反映内蒙古土地资源的利用情况和土地资源供给情况指标，兼顾该区域生态环境、社会经济和人口效应，按照可操作性、系统性、层次性等基本评价原则，构建了内蒙古土地资源、生态环境、社会经济和人口发展系统综合评价指标体系（详见表3–10）。

表3–10　内蒙古土地资源、生态环境、社会经济和人口发展系统综合评价指标体系

目标层	准则层	指标层	指标标记	指标计算公式	指标选取意义
土地资源承载力	土地资源系统指标	人均耕地面积（hm^2/人）	$X_1,1$	区域耕地面积/区域总人口	反映区域耕地压力
		人均牧草地面积（hm^2/人）	$X_1,2$	区域牧草地面积/区域总人口	反映区域草地压力
		人均粮食产量（t/人）	$X_1,3$	区域粮食总产量/区域总人口	反映区域人均粮食占有量
		城市人均建设用地面积（hm^2/人）	$X_1,4$	城市建设用地面积/区域总人口	反映城市土地压力
	生态环境系统指标	森林覆盖率（%）	$X_2,1$	森林面积/区域土地面积	反映生态状况
		湿地比例（%）	$X_2,2$	湿地面积/国土面积	反映生态状况
		人均公共绿地面积（hm^2/人）	$X_2,3$	城市公共绿地面积/城市人口	反映城市环境水平
		土地沙化比例（%）	$X_2,4$	沙化土地面积/区域土地面积	反映区域生态状况

续表

目标层	准则层	指标层	指标标记	指标计算公式	指标选取意义
土地资源承载力	社会经济系统指标	城市人口比例（%）	$X_3,1$	城镇人口/区域总人口	反映社会发展水平与人口素质
		工业用地定额（hm²/万元）	$X_3,2$	工业用地面积/工业增加值	反映工业用地水平
		农业用地定额（hm²/万元）	$X_3,3$	耕地面积/农业总产值	反映农业用地水平
		万元GDP用地面积（hm²/万元）	$X_3,4$	区域土地面积/GDP	反映经济用土地水平
		人均GDP（元）	$X_3,5$	GDP总量/区域总人口	反映区域整体经济状况
	人口发展系统指标	人口密度（人/hm²）	$X_4,1$	区域总人口/区域土地面积	反映单位土地面积人口压力
		人口自然增长率（%）	$X_4,2$	年净增人数/年平均人口	反映人口对区域水资源的动态压力
		人均土地总量（hm²/人）	$X_4,3$	区域土地面积/区域总人口	反映区域人口生产、生活占有土地水平
		人口总数（万人）	$X_4,4$	每年12月31日24时的人口数之和	反映区域总人口压力

资料来源：作者整理。

（二）土地资源各指标权重计算

为了较全面地反映土地资源承载力，本书建立了多指标系统。为了客观地反映各指标的重要性，本书运用熵权法计算了各指标的权重系数，结果如表3-11所示。

表3-11　　　　内蒙古土地资源承载力评价指标权重

指标	$X_1,1$	$X_1,2$	$X_1,3$	$X_1,4$	$X_2,1$	$X_2,2$	$X_2,3$	$X_2,4$	$X_3,1$
权重	0.023	0.021	0.012	0.008	0.008	0.036	0.190	0.036	0.209
指标	$X_3,2$	$X_3,3$	$X_3,4$	$X_3,5$	$X_4,1$	$X_4,2$	$X_4,3$	$X_4,4$	
权重	0.005	0.008	0.004	0.212	0.007	0.009	0.204	0.007	

(三) 土地资源承载力综合评价

按照式（3-8）、式（3-9）确定正负理想解，再利用式（3-10）、式（3-11），结合加权规范化矩阵，求出2000—2020年内蒙古土地资源承载力与正负理想解的距离，利用式（3-12）计算内蒙古土地资源承载力贴近度，进行土地资源承载力综合评价，如表3-12所示。

表 3-12　　　　　内蒙古土地资源承载力综合评价

年份	D_j^+	D_j^-	T_j
2000	0.357	0.205	0.365
2001	0.348	0.187	0.349
2002	0.347	0.181	0.343
2003	0.319	0.184	0.365
2004	0.314	0.170	0.352
2005	0.305	0.154	0.336
2006	0.300	0.139	0.316
2007	0.291	0.130	0.309
2008	0.289	0.128	0.307
2009	0.277	0.156	0.360
2010	0.286	0.164	0.364
2011	0.268	0.186	0.410
2012	0.242	0.214	0.470
2013	0.214	0.238	0.526
2014	0.189	0.270	0.588
2015	0.164	0.298	0.645
2016	0.147	0.317	0.683
2017	0.135	0.333	0.712
2018	0.122	0.327	0.728
2019	0.099	0.352	0.780
2020	0.091	0.358	0.797

由表3-12土地资源承载力综合评价计算结果可以看出，内

蒙古 2000—2020 年土地资源承载力评价分值变化区间为 0.307—0.797，最小值出现在 2008 年，最大值出现在 2020 年；2000—2010 年内蒙古土地资源承载力评价分值大多数在 0.2—0.4，内蒙古土地资源承载力处于较低的水平；2011 年以来土地资源承载力逐渐提高，2011—2014 年承载力在 0.4—0.6，处于中等承载力水平，2015—2020 年承载力在 0.6—0.8，处在较高承载力水平。总体来讲，内蒙古土地资源承载力不断提高，逐渐达到满足经济社会可持续发展需求的能力。

三　土地资源约束分析

本书在内蒙古土地资源承载力综合评价分析的基础上，从内蒙古地区土地资源利用实际情况出发，从生产性用地和生态用地两个角度出发，筛选人均耕地面积、人均粮食产量、城市人均建设用地数量、生态用地占比四个指标，依据国际、国家和地方土地资源管理准则、行业标准或相关研究成果，划分红、橙、黄三级检测预警指标阈值区间，分析内蒙古土地资源约束情况。

人均粮食产量黄色预警线参考 FAO 粮食安全标准，定为每年每人 400 千克，橙色预警和红色预警区间划分以黄色预警区间为基础依次递减（高洁等，2018）；人均耕地面积阈值按照人均粮食产量阈值区间为依据，用 2016 年内蒙古单位面积产量计算得出相应的阈值区间；人均城市建设用地面积阈值划分借鉴高洁等（2018）的做法，参考国家《城市用地分类与规划建设用地标准》，设定红色、橙色和黄色预警线分别为 $150m^2/$人、$130\ m^2/$人和 $110\ m^2/$人；生态用地面积占比三个预警线借鉴高洁等（2018）设定的预警线阈值区间。具体土地资源承载力检测预警指标阈值区间见表 3-13。

表3-13　　内蒙古土地资源承载力检测预警指标阈值区间

指标	黄色预警	橙色预警	红色预警
人均粮食产量/kg	[350, 400)	[300, 350)	<300
人均耕地面积/m²	[720, 823)	[671, 720)	<617
城市人均建设用地面积/m²	[110, 130)	[130, 150)	≥150
生态用地占比（%）	[60, 80)	[40, 60)	<40

资料来源：作者依据国际、国家和地方土地资源管理准则或行业标准以及相关研究成果设定。

在设定内蒙古自治区土地资源承载力检测预警阈值的基础上，选用2000—2020年数据分析21年间内蒙古土地资源承载力检测预警指标动态变化情况，分别用红、橙、黄三种颜色水平线表述不同指标的三个预警临界值，如图3-6所示。从人均粮食产量指标变化趋势看，出现总体上升趋势，人均粮食产量处于较高的位置，未出现预警风险；人均耕地面积也高于黄色预警区间，反映内蒙古人均耕地面积较大，未出现预警风险；从2000—2020年城市人均建设用地面积趋势图发现，城市人均建设用地面积总体呈先上升后下降的趋势，但其值均在黄色预警区间，未出现预警风险；从2000—2016年生态用地面积占比趋势图来看，内蒙古生态用地面积呈先下降后上升趋势，从黄色预警区间逐渐向橙色预警区间靠近，反映内蒙古生态环境逐渐恶化的趋势从2018年开始扭转，近几年得到了修复和改善，但仍处在黄色预警区间。

由于内蒙古地域广阔，人均土地面积较大，人均耕地面积和城市人均建设用地面积均未出现预警风险。但是，内蒙古土地荒漠化和沙化程度较严重，在可利用土地面积总量有限的情况下，为了实现社会经济的可持续发展，需要协调城乡土地资源投资比例以及提高土地利用效率。

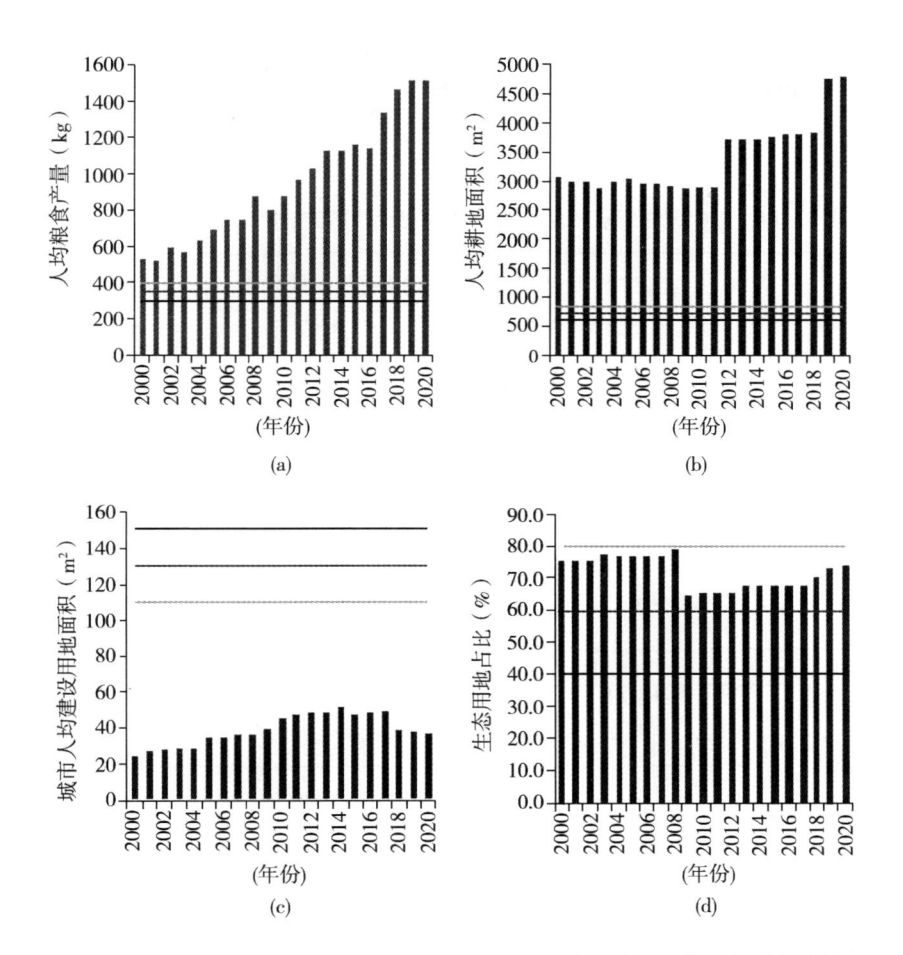

图 3-6　2000—2020 年内蒙古自治区土地资源承载力检测预警指标动态变化

资料来源：2001—2021 年《内蒙古统计年鉴》。

第五节　内蒙古煤炭资源、水资源和土地资源综合约束分析

一　煤炭资源、水资源、土地资源综合承载力评价

（一）指标选取与数据来源

为了分析内蒙古煤炭、水和土地资源综合承载力，结合前文的

指标体系，构建了社会经济、生态环境、人口发展与煤炭资源、水资源和土地资源综合评价指标体系（详见表3-14）。

表3-14　内蒙古煤炭资源、水资源和土地资源综合评价指标体系

目标层	准则层	指标层	指标标记	指标计算方法	指标选取意义
煤炭资源、水资源、土地资源综合承载力	煤炭资源、水资源、土地资源系统指标	人均煤炭资源产量（t/人）	$X_1,1$	原煤产量/区域总人口	反映区域煤炭资源丰裕、匮乏状态及发展潜力
		原煤产量（10^4t）	$X_1,2$	全区原煤生产量的总和	反映区域煤炭资源整体丰裕程度
		煤炭资源开发利用率（%）	$X_1,3$	原煤产量/煤炭资源储量	反映煤炭资源开发利用状况
		水资源总量（$10^8 m^3$）	$X_1,4$	地表水+地下水-重复部分	反映区域水资源整体丰裕程度
		水资源开发利用率（%）	$X_1,5$	除生态环境用水之外的平均用水量/平均当地水资源量	反映水资源开发利用状况
		平均降水量（$10^8 m^3$）	$X_1,6$	从天空降落到地面的液态或固态水，未经蒸发、渗透、流失而在地面上集聚的深度累加	反映区域自然降水补给程度
		供水模数（$10^4 m^3/hm^2$）	$X_1,7$	供水量/区域土地面积	反映区域单位面积供水保障程度
		人均耕地面积（hm^2/人）	$X_1,8$	区域耕地面积/区域总人口	反映区域耕地压力
		人均牧草地面积（hm^2/人）	$X_1,9$	区域可利用草原面积/区域总人口	反映区域草地压力
		人均粮食产量（t/人）	$X_1,10$	区域粮食总产量/区域总人口	反映区域人均粮食占有量
		城市人均建设用地面积（hm^2/人）	$X_1,11$	城市建设用地面积/区域总人口	反映城市土地压力

续表

目标层	准则层	指标层	指标标记	指标计算方法	指标选取意义
煤炭资源、水资源、土地资源综合承载力	生态环境系统指标	工业污水排放量（10^4t）	$X_2,1$	经过厂区所有排放口排到企业外部的工业废水量之和	反映区域生态环境状况
		工业固体废物排放量（10^4t）	$X_2,2$	企业生产过程中固体状、半固体状和高浓度液体状废弃物的总和	反映区域生态环境状况
		生态环境用水率（%）	$X_2,3$	生态环境用水量/水资源总量	反映生态系统对水资源的需求
		森林覆盖率（%）	$X_2,4$	森林面积/区域土地面积	反映水资源更新基础
		湿地比例（%）	$X_2,5$	湿地面积/区域土地面积	反映水资源更新基础
		土地沙化比例（%）	$X_2,6$	沙化土地面积/区域土地面积	反映区域生态状况
		人均公共绿地面积（hm^2/人）	$X_2,7$	城市公共绿地面积/城市人口	反映城市环境水平
	社会经济系统指标	工业固体废物处理率（%）	$X_3,1$	固体废物处理量/固体废物产生量	反映社会发展水平
		工业用煤定额（t/万元）	$X_3,2$	工业煤炭资源消费量/工业增加值	反映工业耗能水平
		万元GDP用煤量（t/万元）	$X_3,3$	煤炭资源总消费量/GDP	反映经济耗能水平
		城市人口比例（%）	$X_3,4$	城镇人口/区域总人口	反映社会发展水平与人口素质
		生活用水定额（m^3/d·人）	$X_3,5$	生活用水量/区域总人口/365d	反映节水状况
		万元GDP用水量（m^3/万元）	$X_3,6$	用水总量/GDP	反映经济用水水平

续表

目标层	准则层	指标层	指标标记	指标计算方法	指标选取意义
煤炭资源、水资源、土地资源综合承载力	社会经济系统指标	灌溉覆盖率（%）	$X_3, 7$	有效灌溉面积/耕地面积	反映区域农业灌溉发展情况
		人均GDP（元）	$X_3, 8$	GDP总量/区域总人口	反映区域整体经济状况
		工业用地定额（hm²/万元）	$X_3, 9$	工业用地面积/工业增加值	反映工业用地水平
		农业用地定额（hm²/万元）	$X_3, 10$	耕地面积/农业总产值	反映农业用地水平
		万元GDP用地面积（hm²/万元）	$X_3, 11$	区域土地面积/GDP	反映经济用土地水平
	人口发展系统指标	人口密度（人/hm²）	$X_4, 1$	区域总人口/区域土地面积	反映单位土地面积人口压力
		人口自然增长率（%）	$X_4, 2$	年净增人数/年平均人口	反映人口对区域水资源的动态压力
		人均煤炭资源消费量（t/人）	$X_4, 3$	煤炭资源总消费量/区域总人口	反映区域人口用煤水平
		人均用水总量（m³/人）	$X_4, 4$	用水总量/区域总人口	反映区域人口生产、生活用水水平
		人均土地总量（hm²/人）	$X_4, 5$	区域土地面积/区域总人口	反映区域人口生产、生活占有土地水平
		人口总数（万人）	$X_4, 6$	每年12月31日24时的人口数之和	反映区域总人口压力

资料来源：作者整理。

（二）煤炭资源、水资源、土地资源指标权重计算

为了客观地反映各指标的重要性，利用熵权法，对原始数据运用式（3-1）、式（3-2）进行归一化后，采用式（3-6）计算各指标的权重，结果如表3-15。

表3-15　内蒙古煤炭资源、水资源、土地资源综合承载力评价指标权重

指标	$X_1,1$	$X_1,2$	$X_1,3$	$X_1,4$	$X_1,5$	$X_1,6$	$X_1,7$
权重	0.046	0.029	0.041	0.031	0.010	0.031	0.014
指标	$X_1,8$	$X_1,9$	$X_1,10$	$X_1,11$	$X_2,1$	$X_2,2$	$X_2,3$
权重	0.060	0.057	0.031	0.021	0.022	0.013	0.012
指标	$X_2,4$	$X_2,5$	$X_2,6$	$X_2,7$	$X_3,1$	$X_3,2$	$X_3,3$
权重	0.022	0.086	0.095	0.041	0.024	0.018	0.029
指标	$X_3,4$	$X_3,5$	$X_3,6$	$X_3,7$	$X_3,8$	$X_3,9$	$X_3,10$
权重	0.025	0.018	0.012	0.015	0.033	0.013	0.020
指标	$X_3,11$	$X_4,1$	$X_4,2$	$X_4,3$	$X_4,4$	$X_4,5$	$X_4,6$
权重	0.012	0.020	0.024	0.020	0.013	0.024	0.020

（三）煤炭资源、水资源、土地资源承载力综合评价

按照式（3-8）、式（3-9）确定正负理想解，再利用式（3-10）、式（3-11），结合加权规范化矩阵，求出2000—2020年内蒙古三种自然资源综合承载力与正负理想解的距离，利用式（3-12）计算内蒙古三种自然资源综合承载力贴近度，进行三种自然资源承载力综合评价，如表3-16。

由表3-16三种自然资源综合承载力评价计算结果可以看出，内蒙古2000—2020年三种资源综合承载力评价分值变化区间为0.270—0.727，最小值出现在2009年，最大值出现在2020年；2000—2012年内蒙古煤炭资源、水资源、土地资源综合承载力评价分值均在0.2—0.4，承载力处于较低水平；2013—2015年，三种自然资源综合承载力提高到0.4—0.6，处于中级承载力水平；2016—2020年，三种自然资源综合承载力在0.6—0.8，处在较高水平的承载力区间。内蒙古煤炭资源、水资源、土地资源综合承载力在波动中提升，逐渐从低承载力提升到较高承载力水平。

表 3-16　内蒙古煤炭资源、水资源、土地资源综合承载力评价

年份	D_j^+	D_j^-	T_j
2000	0.182	0.078	0.299
2001	0.182	0.073	0.287
2002	0.180	0.070	0.278
2003	0.178	0.074	0.292
2004	0.179	0.070	0.281
2005	0.175	0.069	0.284
2006	0.173	0.069	0.284
2007	0.172	0.070	0.290
2008	0.165	0.077	0.319
2009	0.173	0.064	0.270
2010	0.165	0.070	0.298
2011	0.163	0.076	0.317
2012	0.148	0.092	0.382
2013	0.115	0.136	0.542
2014	0.115	0.137	0.545
2015	0.115	0.139	0.548
2016	0.080	0.168	0.677
2017	0.084	0.169	0.667
2018	0.076	0.167	0.687
2019	0.066	0.175	0.725
2020	0.067	0.177	0.727

二　煤炭资源、水资源、土地资源综合约束分析

上面已分析煤炭资源、水资源和土地资源的单独约束情况,从图 3-7 三种自然资源综合承载力与单个自然资源承载力的对比中我们可以发现自然资源间的相互作用。首先,从 2000—2020 年整体趋势来看,三种自然资源承载力均呈现上升趋势,说明在内蒙古

经济发展过程中不同自然资源对经济增长的贡献逐渐提高。其次，从自然资源间相互作用来看，2000—2012 年内蒙古煤炭资源和水资源承载力虽然低下，但是由于土地资源承载力相对煤炭资源和水资源较高，所以在三种自然资源综合影响下，2000—2012 年三种自然资源综合承载力水平比煤炭资源承载力水平要高，即土地资源承载力拉高了资源综合承载力；2013—2020 年，虽然煤炭资源承载力首先急剧上升其后呈下降趋势，但是由于水资源和土地资源承载力相对提高得较快，尤其是水资源承载力从 2000—2012 年的最低变为 2016—2018 年的最高，在三种力量的综合作用下，2013—2020 年间综合承载力波动中提升，逐渐提升到较高承载力水平。

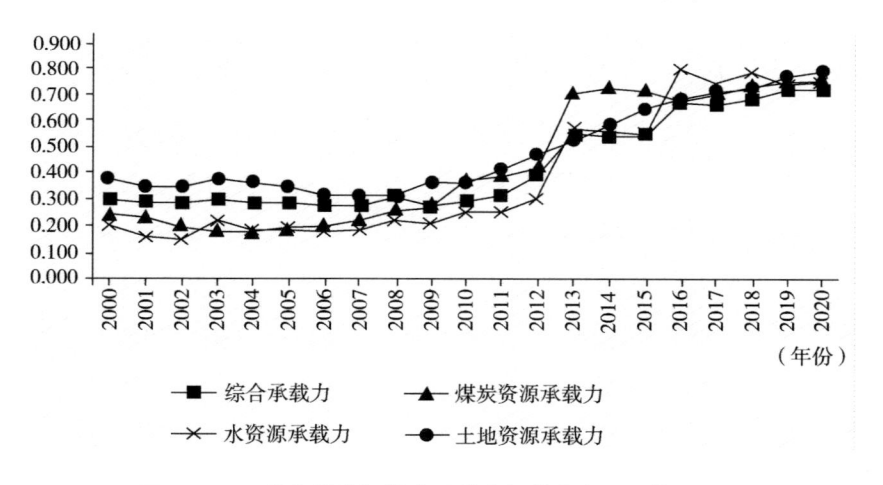

图 3-7　三种自然资源综合承载力与单个资源承载力对比

可见，自然资源间的结构平衡会影响资源综合承载力，影响经济社会可持续发展。所以，在经济社会发展过程中，如何避免资源有限导致的总量约束对经济产生的影响和资源间的综合作用对经济增长带来的影响是区域经济可持续发展需要解决的关键问题。

第六节　本章小结

本章结合熵权法和 TOPSIS 模型，建立熵权 TOPSIS 模型，构建了自然资源、生态环境、社会经济和人口发展系统综合评价指标体系，分别分析了内蒙古煤炭资源、水资源、土地资源以及三种自然资源综合承载力；并借鉴高洁（2018）的研究，依据国际、国家和地方资源管理准则，制定阈值，对部分指标进行了承载力预警分析。本章的主要工作包括：（1）在总结已有相关文献研究基础上，构建了考虑自然资源、生态环境、社会经济和人口发展系统综合评价指标体系，并对承载力指标矩阵进行归一化处理得到标准化评价矩阵，利用熵权法确定指标权重基础上得到规范化评价矩阵，采用欧式距离计算公式，分别测算不同自然资源承载力与理想解的贴近度，综合评价不同自然资源承载力，动态分析不同自然资源承载力的演化过程。（2）在分析内蒙古自然资源承载力综合评价的基础上，从内蒙古资源利用实际出发，从资源利用和资源环境两个角度，选取水资源和土地资源部分指标，依据国际、国家和地方水资源、土地资源管理准则或行业标准以及相关研究成果，划分红、橙、黄三级检测预警指标阈值区间，分析内蒙古水资源约束情况。本章得出的主要结论如下。

（一）煤炭资源承载力从弱变强，总量限制短期约束不明显

内蒙古煤炭资源承载力实际反映了煤炭资源开发利用与生态环境等多种因素对经济发展产生的综合作用。分析发现，内蒙古 2000—2020 年煤炭资源承载力总体呈上升趋势，但在个别年份有所波动。具体来看，最小值出现在 2003 年，最大值出现在 2020 年，除了 2001—2003 年下降外 2002—2006 年间承载力在 [0.1—0.2]，虽然逐年上升但差别不大，均在 0.2 附近，承载力较弱；2007—2011 年

煤炭资源承载力在（0.2—0.4］并逐年增加，在此期间承载力仍然较低；2013—2020 年煤炭资源承载力在［0.6—0.8］，其中 2013—2016 年承载力呈下降趋势，下降到 2016 年的 0.669，再从 2017 年逐年增加，到 2020 年时达到最高值 0.76，在此期间煤炭资源承载力比较强。

（二）水资源承载力逐渐提升，基本满足社会经济可持续发展需求

由水资源承载力综合评价计算结果发现，内蒙古 2000—2020 年水资源承载力在波动中上升。从 2000—2007 年的弱承载力水平依次经过 2008—2012 年的低承载力水平和 2013—2015 年的中级承载力水平，到 2016—2020 年达到了较高的承载力水平，基本满足社会经济可持续发展需求。

通过水资源承载力检测预警分析发现，人均水资源占有量指标在大多数年份处在红色预警线以下水平，表示内蒙古人均水资源量严重缺乏，水资源紧缺，成为制约经济社会可持续发展的重要因素；区域用水总量呈上升的趋势，从 2016 年以来，直到 2020 年，用水总量增加，从无风险预警进入黄色预警风险区；区域水资源利用效率提高显著，内蒙古工业用水效率大幅提高；水资源污染严重，但从总体趋势来看，随着时间的推移水污染情况有所改善。

总体来讲，内蒙古自治区水资源短缺、水污染比较严重、水环境恶化等问题突出，是制约经济社会可持续发展的主要阻力。水资源短缺一方面由于数量短缺制约社会经济的发展，另一方面由于与其他自然资源的综合作用，而抑制社会经济可持续发展。

（三）土地资源承载力从较低水平转变为中级承载力水平

由土地资源承载力综合评价计算结果可以看出，内蒙古 2000—2020 年土地资源承载力评价分值变化区间为 0.307—0.797；2000—

2010年内蒙古土地资源承载力评价分值大多数在0.2—0.4，内蒙古土地资源承载力处于较低的水平；2011年以来土地资源承载力逐渐提高，2011—2014年承载力在0.4—0.6，处于中等承载力水平，2015—2020年承载力在0.6—0.8，处在较高承载力水平。总体来讲，内蒙古土地资源承载力逐渐提高，具备满足经济社会可持续发展需求的能力。

通过土地资源承载力检测预警分析发现，无论是人均耕地面积还是城市人均建设用地面积均未出现预警风险，由于内蒙古地域辽阔，人均土地面积较大，在短期内土地资源总量限制并不会对经济增长带来约束作用；从变化趋势看，城市人均建设用地逐年增加，在城镇化发展过程中需要合理分配土地资源城乡投入，在满足农业安全生产需求的基础上实现城市土地利用效率最大化；从2000—2020年生态用地面积占比趋势图来看，内蒙古生态用地面积呈先升后降的趋势，从黄色预警区间逐渐向橙色预警区间靠近，反映内蒙古生态环境恶化的趋势从2018年开始扭转，近几年得到了修复和改善，但仍处在黄色预警区间内。

（四）煤炭资源、水资源、土地资源结构影响三种自然资源综合承载力

从三种自然资源综合承载力与单个资源承载力对比分析发现：首先，从2000—2020年整体趋势来看，三种自然资源承载力均呈现上升趋势，说明在内蒙古经济发展过程中不同自然资源对经济增长的贡献逐渐提高。其次，从自然资源间相互作用来看，2000—2012年内蒙古煤炭资源和水资源承载力虽然低下，但是由于土地资源承载力相对煤炭资源和水资源较高，所以在三种自然资源综合影响下，2000—2012年三种自然资源综合承载力水平比煤炭资源承载力水平要高，即土地资源承载力拉高了资源综合承载力；2013—2020年，虽然煤炭资源承载力首先急剧上升其后呈下降趋势，但是由于水资源和土地资源承载力相对提高得较快，尤其是水资源承载力从 2000—2012 年的最低变为 2016—2018 年的最高，在三种力量的综合作用下，2013—2020 年综合承载力波动中提升，逐渐提升到较高承载力水平。

第四章 内蒙古自然资源约束影响经济增长的机制分析

本章分别从分类和综合角度考察自然资源约束对经济增长的影响机制，分析自然资源短缺和自然资源禀赋优越两种原因引起的自然资源约束。自然资源短缺引发的约束表现形式为：一是短期内经济社会发展面临的国内外资源供应紧缺；二是国内外资源供给对长远发展所形成的潜在约束。而自然资源禀赋优越引发的约束表现形式为：一是自然资源产业依赖；二是产业结构畸形。虽然这两种资源约束导致的结果均是阻碍地区经济增长，但其产生的原因却存在显著差异。资源短缺引发的对经济增长的约束是指经济社会发展所需要的资源供不应求，对发展形成的制约，本章第一节将会详细讨论。而资源禀赋优越导致的自然资源约束主要指由于资源丰饶导致的对经济增长要素的吸引和控制，产生自然资源产业依赖，对长期经济社会发展的制约，本章第二节将会详细讨论。

第一节 内蒙古自然资源约束影响经济增长机制分析：分类考察

一 煤炭资源对内蒙古经济增长的影响机制

煤炭资源作为内蒙古最丰富的矿产资源，在该地区经济增长中起到举足轻重的作用。1996—2020 年内蒙古人均 GDP 从 4457 元增加到 72063 元，增加了约 15.2 倍；原煤生产总量从 4551.98 万吨增加到 61235.13 万吨，增加了约 12.45 倍。但是，由于煤炭资源的粗放式开采，导致煤炭资源利用效率低，资源浪费严重。煤炭资源作为可耗竭资源，在长期经济发展过程中，其供给量逐年减少，对经济增长产生阻力作用，这就是本书讨论的资源短缺引起的自然资源约束。

本书为了分析煤炭资源限制对经济增长产生的阻力作用，对 Romer（2001）模型进行扩展，采用 Cobb-Douglas 生产函数，构建了如下模型：

$$Y_{(t)} = K_{(t)}^{\alpha} M_{(t)}^{\beta} [A_{(t)} L_{(t)}]^{1-\alpha-\beta} \tag{4-1}$$

$$\alpha > 0, \beta > 0, \alpha + \beta < 1$$

其中：Y 为经济增长指标；K 表示资本投入；L 表示劳动力；M 表示煤炭资源；A 表示知识或劳动有效性；t 表示时间；α、β 分别表示资本产出弹性和煤炭资源产出弹性。

假设资本、劳动、煤炭资源动态变化分别满足以下条件：

$$K_t = sY_t - \delta K_t \tag{4-2}$$

$$L_t = nL_t \tag{4-3}$$

$$M_t = mM_t \tag{4-4}$$

其中，s 为储蓄率，δ 为资本折旧率，m 为煤炭资源变化率，n 为劳动增长率。

资源约束的"增长阻力"是没有资源约束条件下的经济增长与有资源约束条件下的经济增长之间的差额（Nordhaus，1992）。所以，煤炭资源约束的"增长阻力"为：

$$Drag_M = \frac{\beta(n-m)}{1-\alpha} \tag{4-5}$$

二 水资源对内蒙古经济增长的影响机制

水资源作为基础性自然资源,是人类社会发展不可或缺和不可替代的生产力核心要素(王慧敏,2015)。内蒙古是我国水资源最缺乏的地区之一,2020 年内蒙古水资源总量为 503.93 亿 m³,占我国水资源总量的 1.59%。而随着社会经济发展,水资源需求量不断提高。1996—2020 年,内蒙古用水总量从 155.79 亿 m³ 增加到 194.4 亿 m³。水资源比较紧缺,水环境恶化、水污染严重等问题成为限制经济可持续发展的"瓶颈"。

水资源影响经济增长的路径主要有两个:第一是由于总量限制,其生产函数中的投入量递减而对长期经济增长产生"阻力"作用;第二是水资源的缺乏,生态用水量减少,而内蒙古作为我国最大草原牧区,生态缺水导致草地质量下降,从而影响土地要素产出效率,进而影响经济增长(见图 4-1)。本节主要讨论第一个路径,第二个路径将在第四节中综合讨论。

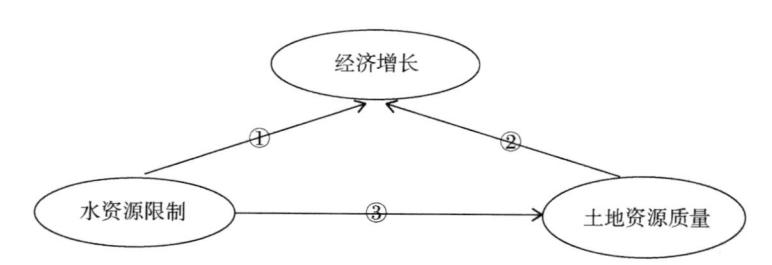

图 4-1 水资源限制对经济增长的影响路径

本书为了分析水资源短缺对经济增长产生的约束作用,对 Romer(2001)模型进行扩展,采用 Cobb-Douglas 生产函数,构建了如下模型:

$$Y_{(t)} = K_{(t)}^{\alpha} W_{(t)}^{\beta} [A_{(t)} L_{(t)}]^{1-\alpha-\beta} \quad (4-6)$$
$$\alpha > 0, \ \beta > 0, \ \alpha + \beta < 1$$

其中：Y 为经济增长指标；K 表示资本投入；L 表示劳动力；W 表示水资源；A 表示知识或劳动有效性；t 表示时间；α、β 分别表示资本产出弹性和水资源产出弹性。

资本、劳动的动态性与索洛模型一致，关于水资源，内蒙古虽然水资源短缺，但是用水量不断增加，所以本书假设随着节水技术的发展，内蒙古水资源紧缺状况有所缓解。上述要素动态性分别满足以下条件：

$$K_t = sY_t - \delta K_t \qquad (4-7)$$

$$L_t = nL_t \qquad (4-8)$$

$$W_t = \omega W_t \qquad (4-9)$$

其中，s 为储蓄率，δ 为资本折旧率，ω 为水资源增长率，n 为劳动增长率。

资源约束的"增长阻力"是没有资源约束条件下的经济增长与有资源约束条件下的经济增长之间的差额（Nordhaus，1992）。所以，水资源约束的"增长阻力"为：

$$Drag_w = \frac{\beta(n-\omega)}{1-\alpha} \qquad (4-10)$$

三　土地资源对内蒙古经济增长的影响机制

21 世纪以来，随着经济的发展和城市化的推进，内蒙古土地利用结构发生了变化，土地要素投入从农业用地转向城市建设用地。据内蒙古自治区国土资源厅统计公报，2015 年，全区建设用地共批准农用地转用和土地征收共计 21615.91 公顷。[①] 截至 2015 年底，全区在期矿山面积为 770500 公顷，较 2014 年底同比增加 24.17%；全区矿山开采累计占用损毁土地面积 183500 公顷，较 2014 年底同

[①] 2015 年度内蒙古自治区国土资源公报，内蒙古自治区国土资源厅，2016 年 11 月。

比增加 0.05%。① 在城镇化和工业化过程中内蒙古土地要素从乡村向城镇转移。内蒙古建设用地面积从 2003 年的 139.58 万公顷增加到 2017 年的 167.34 万公顷。内蒙古农业用地面积从 2003 年的 9508.86 万公顷减少到 2017 年的 8288.06 万公顷，在 15 年里共减少了 1220.8 万公顷。在农业用地内部结构中，耕地面逐渐增加，从 2003 年的 709.1 万公顷增加到 2019 年的 1149.65 万公顷，增加了 440.55 万公顷；而牧草地面积从 2003 年的 6622.23 万公顷减少到 2017 年的 4950.7 万公顷，达到低谷，从 2018 年逐渐增加，到 2019 年增加到 1149.65 万公顷。这意味着，在内蒙古土地总面积不变的情况下，城镇地区土地面积增加，相对减少了农业用地面积。这也是本书分析土地资源限制对内蒙古经济增长形成"增长阻力"的主要研究假设。

为了证明内蒙古土地利用结构变化过程中对农业部门和非农业部门经济增长的影响，本书在 RCK 模型的基础上，试图建立土地利用结构的两部门非均衡增长模型，提出土地要素对内蒙古经济增长作用的分析框架，以期分析土地要素对经济增长存在的"贡献"和"阻力"（不同于传统的"增长阻力"）效应机制，并在 Romer (2001) 经济增长模型的基础上，利用内蒙古 2000—2020 年各盟市数据，运用 Stata 统计软件进行回归分析，分别测算土地资源限制对内蒙古城镇和乡村地区经济的"增长阻力"（具体回归分析结果请看第五章第三节内容）。

假定存在一个包含土地要素的封闭经济系统，该系统中存在两个生产部门（农业生产部门和非农业生产部门）和一个代表性家庭。设定 γ_X 为 X 的增长率，$\dot{X}$ 为 X 变量随时间 t 变的变化量，其中 X 为任意变量。每个生产部门都存在本部门的代表性厂商，厂商租

---

① 2015 年度内蒙古自治区地质环境公报，内蒙古自治区国土资源厅，2016 年 4 月。

用家庭的土地 T、资本 K 和劳动 L 三种要素进行商品生产活动。用 λ 表示非农业部门相对于农业部门的生产效率。根据内蒙古经济发展的现实情况,本书只研究非均衡增长状态。

设定两部门的生产函数形式相同,均为 Cobb-Douglas 生产函数。农业部门的生产函数为 $Y_1 = F^1(K_1, T_1, L_1)$,非农业部门的生产函数为 $Y_2 = \lambda F^2(K_2, T_2, L_2)$。$Y_1 + Y_2 = Y$,$Y_1$ 和 Y_2 分别表示农业部门和非农业部门的产出,Y 表示总产出;$T_1 + T_2 = T$,T_1 和 T_2 分别表示农业部门和非农业部门的土地面积,T 表示总土地面积;$K_1 + K_2 = K$,K_1 和 K_2 分别表示农业部门和非农业部门资本投入量,K 表示总资本投入;$L_1 + L_2 = L$,L_1 和 L_2 分别表示农业部门和非农业部门劳动投入量,L 表示总劳动投入量。假定两个部门的生产函数均满足新古典特征,Y 对资本、土地、劳动规模报酬不变。为了度量土地、资本、劳动投入量在两个部门间的差别,用 $v_t = T_2/T$、$u_t = K_2/K$、$z_t = L_2/L$ 分别表示非农部门的土地、资本和劳动投入量占土地利用总面积、总资本和总劳动的比例。用 $\psi = \dot{v}/v$、$\omega = \dot{u}/u$、$\eta = \dot{z}/z$ 分别表示土地、资本和劳动从农业部门向非农业部门转移的速度。由此可推出:

$$Y = F^1[(1-u)K, (1-v)T, (1-z)L] + \lambda F^2(uK, vT, zL) \tag{4-11}$$

设 $y = Y/N$,表示人均产出;$y_1 = Y_1/L_1$,表示农业部门的人均产出;$y_2 = Y_2/L_2$,表示非农业部门的人均产出,$k = K/L$,表示人均资本存量;$t = T/L$,表示人均土地投入量。进一步推出:

$$f(k, t, u, v, z) = \frac{1}{(1-z)}f^1[(1-z)(1-u)k, (1-z)(1-v)t] + \frac{1}{z}\lambda f^2(zuk, zvt) \tag{4-12}$$

式 (4-12) 的生产函数满足"稻田条件",设定具体的生产函数形式为:

$$Y_1 = K_1^\alpha T_1^\beta L_1^{1-\alpha-\beta} \qquad (4-13)$$

$$Y_2 = K_2^\alpha T_2^\beta L_2^{1-\alpha-\beta} \qquad (4-14)$$

由式（4-11）、式（4-12）推出：

$$y = k^\alpha t^\beta \left[(1-z)^{\alpha+\beta-1} \cdot (1-u)^\alpha (1-v)^\beta + \lambda z^{\alpha+\beta-1} u^\alpha v^\beta \right]$$
$$(4-15)$$

式（4-15）可以对非均衡增长中土地利用结构变化、资本结构变化与劳动结构变化的一系列特征进行分析。式（4-15）两边取对数，并求关于时间 t 的导数，得到：

$$\gamma_y = \alpha\gamma_k + \beta\gamma_t + \frac{M}{(1-z)^{\alpha+\beta-1} \cdot (1-u)^\alpha (1-v)^\beta + \lambda z^{\alpha+\beta-1} u^\alpha v^\beta}$$
$$(4-16)$$

其中：$M = A + B + C$

$A = \left[-(\alpha+\beta-1)(1-z)^{\alpha+\beta-2}(1-u)^\alpha(1-v)^\beta + \lambda(\alpha+\beta-1)z^{\alpha+\beta-2}u^\alpha v^\beta \right] \dot{z}$

$B = \left[-(1-z)^{\alpha+\beta-1}\alpha(1-u)^{\alpha-1}(1-v)^\beta + \lambda z^{\alpha+\beta-1}\alpha u^{\alpha-1}v^\beta \right] \dot{u}$

$C = \left[-(1-z)^{\alpha+\beta-1}(1-u)^\alpha\beta(1-v)^{\beta-1} + \lambda z^{\alpha+\beta-1}\beta u^\alpha v^{\beta-1} \right] \dot{v}$

由式（4-16）可知，非均衡增长中人均产出增长主要由以下三大部分决定：第一部分是 $\alpha\gamma_k$，即资本产出弹性与人均资本增长率乘积，它表示资本对人均产出增长的贡献，记为 CC。由于资本产出弹性和人均资本增长率通常都为正值，所以资本对人均产出增长的贡献通常为正。

第二部分是 $\beta\gamma_t$，即土地产出弹性与人均土地投入增长率的乘积。这里有两方面的效应：一是如果在传统的土地供给不变的假设条件下，土地总面积是不变的，那么由于人口的不断增长，人均土地投入增长率为负，而土地产出弹性通常为正，两者相乘的积为负，所以得到该部分对人均增长的效应为负，土地对人均产出的增长产生了阻力作用，即传统的"增长阻力"；二是如果放松土地供给不变的假设条件，在非均衡经济体的实际情况下，认为土地供给从农业部门转移到非农业部门，那么又产生两种效应：一是对非农业部门来说，土地的经济供给是不断增加的，那么这部分增加的土地对经济增长的贡献应为正，我们称之为土地经济供给增加产生的推动力，简称为"土地供给动力"（岑树田和李晔，2013）。二是对农业部门来说，土地经济供给是不断减少的，那么这部分减少的土地对经济增长的贡献应为负，我们称之为土地经济供给减少产生的阻力，简称为"土地供给阻力"。为了更清楚地表达，本书用数学公式来说明，假设 $T = T' + \Delta T$，其中 T' 代表土地经济供给不变的部分，ΔT 代表土地经济可变的部分，设 $\varphi = (T' + \Delta T)/T'$，表示土地经济供给指数（上年 = 100），则 $T = \varphi T'$，推出 $T/L = \varphi T'/L$，进一步推出：

$$\beta \gamma_t = \beta \gamma_\varphi - \beta n \qquad (4-17)$$

其中 γ_φ 等于土地经济供给的环比变化率。在式（4 - 17）中，βn 为传统的土地"增长阻力"（详见概念界定），记为 GD；在非农业部门，$\beta \gamma_\varphi$ 为土地供给动力，因为 $\Delta T > 0$，记为 LS；在农业部门，$\beta \gamma_\varphi$ 为土地供给阻力，因为 $\Delta T < 0$，记为 LD。

第三部分是土地利用结构变化 SS 对人均产出增长的效应，即式（4 - 16）的最后部分

$$SS = \frac{M}{(1-z)^{\alpha+\beta-1} \cdot (1-u)^\alpha (1-v)^\beta + \lambda z^{\alpha+\beta-1} u^\alpha v^\beta} \qquad (4-18)$$

其中：$M = A + B + C$

$A = [-(\alpha+\beta-1)(1-z)^{\alpha+\beta-2}(1-u)^\alpha(1-v)^\beta + \lambda(\alpha+\beta-1)z^{\alpha+\beta-2}u^\alpha v^\beta]\dot{z}$

$B = [-(1-z)^{\alpha+\beta-1}\alpha(1-u)^{\alpha-1}(1-v)^\beta + \lambda z^{\alpha+\beta-1}\alpha u^{\alpha-1}v^\beta]\dot{u}$

$C = [-(1-z)^{\alpha+\beta-1}(1-u)^\alpha\beta(1-v)^{\beta-1} + \lambda z^{\alpha+\beta-1}\beta u^\alpha v^{\beta-1}]\dot{v}$

从式（4 - 18）中看出，土地利用结构变化 SS 对人均产出增长

的效应取决于资本、土地和劳动力从农业部门向非农业部门转移的速度 u、v、z，由于非农生产部门的效率高于农业生产部门，所以土地利用结构变化对人均产出增长的贡献通常为正（岑树田等，2013）。

综上所述，土地对非均衡增长的影响由供给动力 LS、结构变化动力 SS、传统的"增长阻力" GD 和土地供给阻力 LD 相加后的总效应共同决定。则，土地对经济增长的净贡献（NC）为：

$$NC = LS + SS - GD - LD \qquad (4-19)$$

进一步推出，非均衡经济增长中人均产出增长由式（4-16）变为：

$$\gamma_y = CC + LS + SS - GD - LD \qquad (4-20)$$

从式（4-20）中看出，非均衡增长中人均产出增长由资本对人均产出的贡献 CC、结构变化动力 SS 和传统的"增长阻力" GD 以及供给动力 LS 和供给阻力 LD 共同决定。其中，非农业部门的供给动力 LS 在某种程度上抵消土地对城镇地区经济的传统"增长阻力"；农业部门的供给阻力 LD 在某种程度上加大土地对乡村地区经济的"增长阻力"，其中前提条件为土地从农业部门向非农业部门转移的速度大于劳动力转移的速度，如果相反，则结果可能相反。

第二节 内蒙古自然资源约束影响经济增长机制分析：综合考察

上节分别分析了长期经济增长进程中煤炭资源、水资源和土地资源短缺产生的自然资源阻力对经济增长的影响机制。在上述分析中，均从"自然资源短缺"的角度出发，揭示了在其他条件限定不变的情况下，有限的自然资源很难满足长期经济增长需求，从而对经济增长产生约束作用。在实际经济增长过程中，三种自然资源不但分别对经济增长产生作用，而且它们会相互作用，共同对经济增长产生影响。同时，相对丰裕的自然资源，由于自然资源禀赋优越，吸引和控制经济增长要素，从而产生产业结构畸形，影响长期经济增长。本节针对内蒙古实际情况，以煤炭资源为主线，分析了煤炭资源开采通过影响水资源和土地资源对经济增长产生的间接影响机制（见图4-2）。同时加以分析煤炭资源开采对其他影响经济增长核心因素的作用机制。

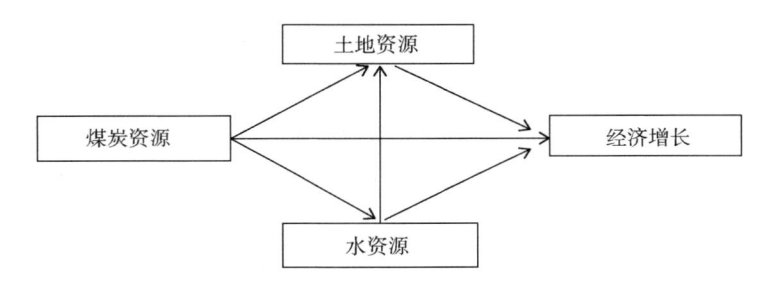

图4-2 自然资源相互作用影响经济增长的路径

为了更清晰地反映上述自然资源相互作用影响经济增长的路径，本书建立了以下方程组：

$$Y = \alpha_0 + \alpha_1 M + \alpha_2 W + \alpha_3 T + \alpha_4 Z + \varepsilon_0 \quad (4-21)$$

$$W = \beta_0 + \beta_1 M + \varepsilon_1 \quad (4-22)$$

$$T = \gamma_0 + \gamma_1 M + \varepsilon_2 \quad (4-23)$$

$$T = \eta_0 + \eta_1 W + \varepsilon_3 \quad (4-24)$$

其中，Y 表示经济增长指标，M 表示煤炭资源，W 表示水资源，T 表示土地资源，Z 为控制变量。由于在此模型中主要讨论煤炭资源、水资源和土地资源间的相互作用对经济增长的影响，所以其他影响经济增长的核心变量均作为控制变量引入式（4-21）中。

结合上述方程组，我们就能得出自然资源相互作用对经济增长的影响路径：第一，煤炭资源开采、水资源和土地资源对经济增长的直接影响分别为式（4-21）中的待估计参数 α_1、α_2、α_3 的值；

第二，煤炭资源开采活动对水资源的影响为式（4-22）中的待估计参数 β_1 的值，而煤炭资源通过水资源对经济增长产生的影响为 $\beta_1 \times \alpha_2$；第三，煤炭资源开采对土地资源的影响为式（4-23）中的待估计参数 γ_1 的值，而煤炭资源通过土地资源对经济增长产生的影响为 $\gamma_1 \times \alpha_3$；第四，水资源限制对土地资源产生的影响为式（4-24）中的待估计参数 η_1 的值，而煤炭资源开采通过影响水资源和土地资源的作用关系再对经济产生的影响为 $\beta_1 \times \eta_1 \times \alpha_3$。

为了分析内蒙古自然资源禀赋优越产生的阻力作用机制，本书结合内蒙古实际情况，在梳理已有文献基础上提出相关命题假说，将在下面章节中进行实证检验。

有关自然资源丰裕对经济增长的作用机理方面，学者们提出了"挤出效应"假说。20 世纪 70 年代初，资源丰富的国家几乎无一例外地出现经济增长停滞不前现象，引起了众多学者对自然资源与经济增长关系的研究。学者们认为自然资源丰富地区资源产业容易对某一个活动 X 产生"挤出效应"，而活动 X 推动经济增长，从而资源丰富地区经济增长出现停滞。Sachs 和 Warner（1995，1999）、Sachs（1966）认为这个 X 变量为可贸易的制造业活动（Traded-manufacturing Activities）。Harding 和 Venables（2016）、Ismail（2010）通过跨国数据分析也得出了同样的结论。Gylfason 等（1999）和 Gylfason（2001）认为 X 是教育。他通过研究发现教育方面的公共支出相对于国民收入、女童预期上学年限和中学总入学率都显示出与自然资本在国民财富中所占比例成反比。自然资本对人力资本产生挤出效应，从而减慢了经济增长速度。自然资源丰富地区会降低人们对人力资本积累的动机（Stijns，2006；Blanco 和 Grier，2012；Shao 和 Yang，2014）。还有一些观点认为自然资源对投资和储蓄率等与经济增长密切相关的因素呈负相关关系（Atkinson and Hamilton，2003；Dietz 等，2007；Boos and Holm-Müller，2013；Papyrakis and Gerlagh，2007）。

现有研究多从某一方面分析自然资源对经济增长的影响路径，如可耗竭资源开采对制造业、教育、投资以及储蓄等产生挤出效应，进而影响长期经济增长，忽视了自然资源开采活动与其他自然资源间的综合作用对经济增长产生的影响。内蒙古作为我国煤炭资源最丰富的地区，同时也是水资源严重缺乏的地区，煤炭行业发展对水资源的需求量十分巨大，如果不采取有效的节水措施或法规，煤炭行业的用水量在近期内可能会大幅增加甚至超过中国的供水量，对其他水资源密集型产业产生"挤出效应"。同时，自然资源开采满足了经济活动资源投入需求的同时对土地资源产生了一定的破坏。在煤矿开采和洗选过程中，土地的破坏占环境破坏损失的大部分（Li L. 等，2015）。基于此，本书认为自然资源开采利用活动不仅对生态环境产生污染，引起资源环境问题，同时会导致自然资源之间结构不平衡进而对其他相关资源依赖产业产生挤出效应。因此，本书在现有研究文献的基础上，依据"挤出效应"逻辑，提出假说命题，探讨资源型地区自然资源禀赋优越引起的约束对经济增长的影响，并分析自然资源影响经济增长的主要路径。相关命题如下：

命题1：开采丰富的煤炭资源有利于经济体短期经济发展。

命题2：煤炭资源丰富的经济体容易产生煤炭资源依赖。

命题3：煤炭资源依赖容易吸引和控制经济增长投入要素。

命题4：煤炭资源依赖度较高的经济体，其长期经济增长缓慢。

命题1基于以下逻辑：内蒙古作为我国煤炭资源最丰富的地区，在其经济增长过程中确实受益于"煤炭资源红利"。2003年出台《内蒙古自治区人民政府〈关于加快发展重点煤炭企业的指导意见〉》[①]

[①] 内蒙古自治区人民政府办公厅：《关于加快发展重点煤炭企业的指导意见》（内政字［2003］427号），2003年12月15日。

支持重点煤炭企业发展,加之我国能源政策调整等原因,2003 年之后内蒙古各地区煤炭资源开采量急剧上升。内蒙古原煤产量从 2003 年的 1.15 亿吨逐年增加到 2012 年的 10.66 亿吨,达到了最高点。2012 年以后煤炭资源市场低迷以及国家供给侧结构性改革的进行,加之 2014 年内蒙古出台了《关于加快发展重点煤炭企业的指导意见》,鼓励大型煤炭企业规模化发展,促使企业兼并,2013 年开始,煤炭产量逐年减少,到 2016 年减少到 8.5 亿吨。2017 年内蒙古煤炭产量因受市场需求旺盛等因素的影响,增速转负为正,从 2017 年开始又逐渐增加,到 2020 年时原煤产量达到了 10.25 亿吨。内蒙古经济得到了快速的发展,人均 GDP 从 2003 年的 10015 元增加到 2020 年的 7.21 万元,成为我国经济发展速度最快的省份之一。内蒙古地区自然资源丰富,其中煤炭资源占据了全国 1/6 的储量,可见煤炭资源在内蒙古自然资源中的突出作用,所以本书以煤炭资源作为自然资源的主要代表加以考虑,同时考察与煤炭资源开采活动密切相关的水资源和土地资源,分析三种自然资源综合影响对经济增长的作用。这里值得注意的是很多"自然资源诅咒"研究认为资源丰富地区出现经济增长缓慢甚至负增长现象。但是内蒙古地区经济自从 21 世纪以来,由于我国产业结构倾斜于重工业,加之能源价格调整政策等原因,煤炭市场进入了繁荣时期(邵帅和杨莉莉,2010)。煤炭资源大力开采以来经济得到了快速的增长,即内蒙古通过自然资源开采实现了经济的短期快速发展。由此,本书假设这种煤炭资源的开采在短期内有利于地区经济增长。自然资源开采对经济产生局部直接效应。正如一些研究文献所证明的,自然资源开采对就业、工资和房价产生积极影响,如预期的那样,资源开采地区对投资和投入的需求大量增加(Michaels,2008;Carrington,1996;Dinkleman,2011;Lowe,2014)。所以本书并不认为自然资源丰富地区一定出现经济增长停滞现象。

针对命题2，已有研究文献在分析自然资源与经济增长之间的关系时，对自然资源衡量指标的选取主要有自然资源丰富度和自然资源依赖度两种。资源丰富地区往往是资源依赖型地区。一个资源丰富国家出现经济增长缓慢现象可能是由于资源依赖程度，资源丰富程度可能对经济增长产生有利的影响（Gylfason and Zoega，2006；邵帅和杨莉莉，2010；Nabli and Arezki，2012）。所以，在分析自然资源影响经济增长机制之前有必要对自然资源丰富度和自然资源依赖度进行区分。本书在上述强有力证明的基础上，把目光转向自然资源依赖指标上，认为资源型地区容易出现资源依赖，并加以验证。

关于命题3，由于"资源短期红利"，资源型地区在支持资源型产业发展过程中自然资源部门可以从非资源所有者那里吸引资本、劳动力和技术等经济增长投入要素，从而抑制它们的发展（Van der Ploeg，2011）。除此之外，本书认为资源型产业对其他相关资源需求增加（如煤炭产业发展对水资源需求的增加）会相对减少其他产业对相关资源的需求量，抑制它们的发展，进而影响长期经济增长。基于此，本书提出命题3，探索煤炭资源依赖度产生的"挤出效应"不同路径。

命题4是在命题3的基础上的延伸思考，内蒙古为了实现经济短期目标，大力开采丰富的煤炭资源从而获得"资源红利"，而忽视产业多样化发展，容易产生煤炭资源产业依赖行为。而煤炭资源产业的依赖会吸引和控制经济增长投入要素，对其他产业及相关活动如制造业、教育投入活动、技术创新活动以及对其他自然资源等产生挤出效应，削弱经济增长后劲，不利于长期经济增长[①]。因此，

[①] 据国家统计局相关数据分析发现，2016年我国37个重点煤炭地级市中有23个城市人均生产总值水平低于全国水平。

本书进一步提出命题 4。

综上，假说命题逻辑框架如图 4-3 所示。

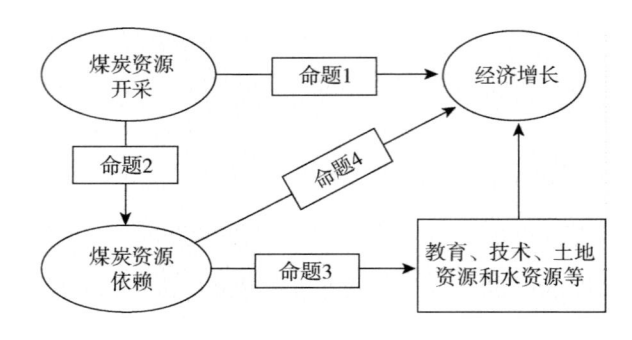

图 4-3　假说命题逻辑框架

第三节　本章小结

本章主要从分类和综合的角度，分别分析了自然资源约束对内蒙古经济增长的影响机制。在自然资源约束对经济增长影响机制分类考察中：第一，分析煤炭资源约束对内蒙古经济增长的影响机制；第二，分析水资源约束对内蒙古经济增长的影响机制；第三，分析土地资源约束对内蒙古经济增长的影响机制。考察了自然资源短缺引起的约束对经济增长的影响机制。在自然资源约束对经济增长影响机制综合考察中，分析了自然资源优越产生的约束对经济增长的影响机制。

本章基于 Nordhaus（1992）提出的"增长阻力"计算方法，对 Romer（2001）模型进行扩展，采用 Cobb-Douglas 生产函数，推导煤炭资源和水资源短缺对经济增长产生的阻力方程，为本书第五章的第一节和第二节提供理论支撑。

本章在 RCK 模型的基础上，试图建立土地利用结构的两部门非均衡增长模型，提出土地要素对内蒙古经济增长作用的分析框架,以期分析土地要素对经济增长存在的"贡献"和"阻力"(不同于传统的"增长阻力")效应机制,并在 Romer(2001)经济增长模型基础上,推导农业部门和非农业部门土地资源约束对内蒙古经济增长的阻力方程,为本书第五章第三节提供理论依据。

  本章在现有研究文献的基础上,针对内蒙古实际情况,以煤炭资源为主线,加以考虑与煤炭资源开采活动密切相关的水资源和土地资源,依据"挤出效应"逻辑,提出假说命题,探讨自然资源禀赋优越引起的约束路径,即自然资源的丰富容易引起自然资源依赖产业,从而吸引和控制经济增长投入要素,对其他相关产业产生挤出效应,从而抑制长期经济增长,为本书第六章提供验证依据。

第五章 自然资源约束对内蒙古经济增长影响的实证研究:分类考察

本章在第四章三种自然资源对内蒙古经济增长影响机制分析的基础上,以内蒙古各盟市不同年份面板数据为研究样本,采用固定效应面板模型,实证研究内蒙古煤炭资源、水资源和土地资源对经济产生的"增长阻力"大小。

第一节 煤炭资源对内蒙古经济增长的影响研究

一 模型设定

本书为了分析煤炭资源限制对经济增长产生的阻力作用,对 Romer(2001)模型进行扩展,采用 Cobb-Douglas 生产函数,构建了如下模型:

$$Y_{(t)} = K_{(t)}^{\alpha} M_{(t)}^{\beta} [A_{(t)} L_{(t)}]^{1-\alpha-\beta} \quad (5-1)$$
$$\alpha > 0, \ \beta > 0, \ \alpha + \beta < 1$$

其中:Y 为经济增长指标;K 表示资本投入;L 表示劳动力;M 表示煤炭资源;A 表示知识或劳动有效性;t 表示时间;α、β 分别表示资本产出弹性和煤炭资源产出弹性。

假设资本、劳动、煤炭资源动态变化分别满足以下条件:

$$K_t = sY_t - \delta K_t \quad (5-2)$$

$$L_t = nL_t \qquad (5-3)$$

$$M_t = mM_t \qquad (5-4)$$

其中，K_t、L_t、M_t 分别为 t 年资本、劳动和煤炭的变化量，s 为储蓄率，δ 为资本折旧率，m 为煤炭资源变化率，n 为劳动增长率。

对式（5-1）两边取自然对数可以得到：

$$\ln Y_{(t)} = \alpha \ln K_{(t)} + \beta \ln M_{(t)} + (1-\alpha-\beta)[\ln A_{(t)} + \ln L_{(t)}] \qquad (5-5)$$

式（5-5）两边对时间 t 求导数，根据一个变量的对数对时间的导数等于该变量的增长率，可以推导出经济增长方程：

$$\gamma_{Y_{(t)}} = \alpha \gamma_{K_{(t)}} + \beta \gamma_{M_{(t)}} + (1-\alpha-\beta)[\gamma_{A_{(t)}} + \gamma_{L_{(t)}}] + \varepsilon \qquad (5-6)$$

其中，γ 表示所有投入要素的增长率。同时，平衡增长路径上 $\gamma_Y = \gamma_K$。将 M、A、L 的增长率 m、g、n 代入式（5-6）中，可以得到平衡增长路径上 Y 的增长率 γ_Y^{bgp} 以及单位劳动力平均产出增长率 $\gamma_{Y/L}^{bgp}$：

$$\gamma_Y^{bgp} = \frac{m\beta + (1-\alpha-\beta)(g+n)}{1-\alpha} \qquad (5-7)$$

$$\gamma_{Y/L}^{bgp} = \frac{m\beta + (1-\alpha-\beta)g - \beta n}{1-\alpha} \qquad (5-8)$$

资源约束的"增长阻力"是没有资源约束条件下的经济增长与有资源约束条件下的经济增长之间的差额（Nordhaus，1992）。煤炭资源不受限制条件即煤炭资源增长率不再是 m，而是 n（劳动力增长率）。可以得出，在平衡增长路径上，煤炭资源不受限制情况下的单位劳动力平均产出的增长率为：

$$\tilde{\gamma}_{Y/L}^{bgp} = \frac{(1-\alpha-\beta)g}{1-\alpha} \qquad (5-9)$$

那么，煤炭资源约束的"增长阻力"为：

$$Drag_M = \tilde{\gamma}_{Y/L}^{bgp} - \gamma_{Y/L}^{bgp} = \frac{\beta(n-m)}{1-\alpha} \qquad (5-10)$$

因此，内蒙古煤炭资源对经济增长的阻力与煤炭资源产出弹性 β、煤炭资源变化量 m、劳动增长率 n 及资本产出弹性 α 有关，并随之增长。我们也可以通过式（5-10）度量煤炭资源对内蒙古经济增长产生的"阻力"。

二 研究样本、数据来源和指标数据

（一）研究样本

由于数据可获性，本书以 2000—2020 年时间序列数据为研究样本，测算了煤炭资源限制对内蒙古经济增长产生的"增长阻力"，分析煤炭资源对内蒙古经济增长产生的影响。

（二）数据来源和处理

为了有效测算内蒙古煤炭资源限制对经济增长产生的"增长阻力"，考虑到数据可获性，本书选取了 2000—2020 年内蒙古地区不同指标数据。对于经济增长指标，本书分别用国民生产总值（Y）和人均生产总值（$Y1$）来代替，数据均通过居民消费价格指数将其换算为 1978 年不变价，剔除价格因素，数据来源于《内蒙古统计年鉴》；对于煤炭资源指标（M），用原煤产量来衡量，数据来自《内蒙古统计年鉴》；对于劳动力指标（L），用总就业人数来衡量，数据来自《内蒙古统计年鉴》，同时假设 A 表示劳动有效性；对于资本投入指标（K），由于统计年鉴并没有历年的固定资本存量的数据，因此需要估算 K 值。对于物质资本投资的计算普遍采用的是永续盘存法（张军等，2004），本书沿用该方法计算固定资本存量：$K_t = K_{(t-1)}(1-\delta_t) + I_t$。其中 K 为资本投资，I 为全社会固定资产投资，折旧取值为 9.6%（张军，2004），固定资产投资数据来源于《国家统计年鉴》的全社会固定资产完成额，其中固定资产投资以固定资产价格指数换算为 1978 年不变价，剔除了价格因素。为了与实证模型的一致性，本书对所有变量取了对数，具体变量描述性统计参见表 5-1。

表 5-1 变量描述性统计

变量	均值	标准差	最小值	最大值
ln$y$	8.978	0.893	7.339	9.805
ln$y1$	10.388	0.875	8.780	11.185
ln$k$	8.556	1.221	6.049	9.775
ln$l$	7.096	0.129	6.934	7.303
ln$m$	10.747	0.920	8.888	11.600

资料来源：作者整理。

三 实证检验及结论分析

利用 2000—2020 年时间序列数据，来考察煤炭资源对内蒙古经济增长的影响程度，结果如表 5-2。

表 5-2 煤炭资源影响内蒙古经济增长的回归结果

变量	(1) ln$y$	(2) ln$y1$
ln$k$	0.439*** (0.131)	0.408*** (0.127)
ln$l$	0.204*** (0.052)	0.213*** (0.050)
ln$m$	0.357* (0.178)	0.378** (0.172)
_cons	-0.633 (0.462)	1.314*** (0.448)
N	21	21

注：1. 所有标准误为异方差稳健标准误。
2. *$p<0.1$，**$p<0.05$，***$p<0.01$。

从表 5-2 中的模型（1）回归结果发现，资本投入指标系数在

1%的水平下显著为正，表明物质资本存量每增加1%，将引起经济增长0.439%；劳动力指标系数在1%的水平下显著为正，表明劳动力每增加1%，经济将会增长0.204%；煤炭资源指标系数在10%的水平下显著为正，表明煤炭资源产量每增加1%，经济将增长0.357%。

为了稳健型检验，将模型中的被解释变量换为人均生产总值，对模型进行回归。从表5-2模型（2）中的稳健性检验结果发现，劳动力、资本和煤炭资源指标回归系数大小与模型（1）输出结果几乎相同，而且分别在1%、1%和5%水平下显著为正。可见，实证分析结果具有稳健性。

煤炭资源投入对产出的贡献弹性为0.357，对经济增长起到了积极的促进作用。即说明，煤炭资源利用能够推动经济增长，这也解释了为什么快速经济增长的背后是资源的巨大开采和消耗；而产出对煤炭资源的弹性为正，说明不可再生资源与产出呈正相关关系，表示在其他条件不变的情况下，煤炭资源总量的减少会导致产出的相应比例减少，对经济产生负效应。煤炭资源的减少对经济增长产生负效应的原因主要是：资源数量（总量）的减少使得推动经济增长的要素供给减少，所以长期来看，资源短缺终将制约经济增长。接下来分析煤炭资源对长期经济增长的阻力大小。

为了分析煤炭资源限制对内蒙古经济增长的"阻力"大小，本书进一步测算了煤炭资源对经济增长的"阻力"。从表5-2模型（1）输出结果可以得出，资本产出弹性α为0.439、煤炭资源产出弹性β为0.357。利用公式$L_{(2000)} \times (1+n)^X = L_{(2020)}$求得劳动增长率（薛俊波，2004）。其中，$L$为总就业人数，下标2000和2020分别表示2000年和2020年的总就业人数，这时X为21，从而求得劳动增长率（n）为0.008。本书借鉴薛俊波（2017）计算能源增长率方法来测算内蒙古煤炭资源增长率。本书以原煤产量来计算内蒙古煤炭资源增长率（m）。煤炭资源总量不变，假设第一年的煤炭资源总量为 h，第一年煤炭资源生产量为 a，第 X 年的煤炭资源生产量为 a_x，相隔年数 x，那么就有 $(h-a)(1-m)^x = h - \sum_{i=1}^{x} a_i$。将 2020 年内蒙古煤炭资源探明储量作为 $h - \sum_{i=1}^{x} a_i$ 的值；将 2000—2020 年煤炭资源生产总量作为 $\sum_{i=1}^{x} a_i$ 的值；将 2000 年内蒙古煤炭资源产量作为第一年煤炭资源产量 a；则可以计算出煤炭资源增长率为 -0.00288。利用式（5-10）就可以计算出煤炭资源限制"增长阻力"为 0.0069。根据分析，内蒙古经济增长速度由于煤炭资源限制，每年要降低 0.69 个百分点。

第二节 水资源对内蒙古经济增长的影响研究

一 模型设定

本书为了分析水资源限制对经济增长产生的阻力作用，对 Romer（2001）模型进行扩展，采用 Cobb-Douglas 生产函数，构建了如下模型：

$$Y_{(t)} = K_{(t)}^{\alpha} W_{(t)}^{\beta} [A_{(t)} L_{(t)}]^{1-\alpha-\beta} \quad (5-11)$$
$$\alpha > 0, \beta > 0, \alpha + \beta < 1$$

其中：Y 为经济增长指标；K 表示资本投入；L 表示劳动力；W 表示水资源；A 表示知识或劳动有效性；t 表示时间；α，β 分别表示资本产出弹性和水资源产出弹性。

水资源受限制情况下的增长率有以下三种情况：水资源固定不变、水资源紧缺状况更加严峻、水资源紧缺状况有所缓解，即 $W_t = 0$、$\dot{W}_t = -cW_t$、$\dot{W}_t = \omega W_t$，虽然内蒙古水资源短缺，但是用水量仍然呈现上升状态，随着节水技术的发展以及集约化发展，势必会减缓水资源的紧缺程度（张恒全等，2016）。因此，本书假设水资源紧缺状况有所缓解，即资本、劳动、水资源动态变化分别满足以下条件：

$$K_t = sY_t - \delta K_t \qquad (5-12)$$

$$L_t = nL_t \qquad (5-13)$$

$$W_t = \omega W_t \qquad (5-14)$$

其中，s 为储蓄率，δ 为资本折旧率，ω 为水资源变化率，n 为劳动增长率。

对式（5-11）两边取自然对数可以得到：

$$\ln Y_{(t)} = \alpha \ln K_{(t)} + \beta \ln W_{(t)} + (1-\alpha-\beta)[\ln A_{(t)} + \ln L_{(t)}] \qquad (5-15)$$

式（5-15）两边对时间 t 求导数，根据一个变量的对数对时间的导数等于该变量的增长率，可以推导出经济增长方程：

$$\gamma_{Y_{(t)}} = \alpha \gamma_{K_{(t)}} + \beta \gamma_{W_{(t)}} + (1-\alpha-\beta)[\gamma_{A_{(t)}} + \gamma_{L_{(t)}}] + \varepsilon \qquad (5-16)$$

其中，γ 表示所有投入要素的增长率。同时，平衡增长路径上 $\gamma_Y = \gamma_K$。将 W、A、L 的增长率 ω、g、n 代入式（5-16）中，可以得到平衡增长路径上 Y 的增长率 γ_Y^{bgp} 以及单位劳动力平均产出增长率 $\gamma_{Y/L}^{bgp}$：

$$\gamma_Y^{bgp} = \frac{\omega\beta + (1-\alpha-\beta)(g+n)}{1-\alpha} \qquad (5-17)$$

$$\gamma_{Y/L}^{bgp} = \frac{\omega\beta + (1-\alpha-\beta)g - \beta n}{1-\alpha} \qquad (5-18)$$

式（5-18）表示，平衡增长路径上单位劳动力平均收入的增长率可能为正，也可能为负：首先，水资源供给量 ω 小于人口增长率 n 时，水资源限制引起单位劳动力平均产出最终下降；其次，在现实情况下，经济增长还与技术进步有关，如果技术进步所带来的经济增长大于水资源限制所造成的"阻力"，那么单位劳动力平均产出可以持续增长。

资源约束的"增长阻力"是没有资源约束条件下的经济增长与有资源约束条件下的经济增长之间的差额（Nordhaus，1992）。水资源不受限制条件即水资源增长率不再是 ω，而是 n（劳动力增长率）。可以得出，在平衡增长路径上，水资源不受限制情况下的单位劳动力平均产出的增长率为：

$$\tilde{\gamma}_{Y/L}^{bgp} = \frac{(1-\alpha-\beta)g}{1-\alpha} \qquad (5-19)$$

那么，水资源约束的"增长阻力"为：

$$Drag_w = \tilde{\gamma}_{Y/L}^{bgp} - \gamma_{Y/L}^{bgp} = \frac{\beta(n-\omega)}{1-\alpha} \qquad (5-20)$$

因此，内蒙古水资源对经济增长的阻力与水资源弹性 β、水资源增长率 ω、劳动增长率 n 及资本弹性 α 有关，并随 α、β、n 的增加而增加；随着 ω 的增加而减少；说明内蒙古经济增长对水资源的依赖度越大，其受到的限制程度越大。我们可以通过式（5-20）来度量水资源对内蒙古经济增长产生的"阻力"。

二 研究样本、数据来源和指标数据

（一）研究样本

因数据可获得性，本书以 2000—2020 年时间序列作为研究样本，测算了水资源限制对内蒙古经济增长产生的"增长阻力"，分析内蒙古水资源对经济增长的影响。

（二）数据来源和处理

为了有效测算内蒙古水资源限制对经济增长产生的"增长阻力"，考虑到数据可获得性，本书选取了 2000—2020 年内蒙古地区不同指标数据。对经济增长指标，本书分别用国民生产总值（Y）和人均生产总值（Y'）来代替，数据均通过居民消费价格指数将其换算为 2000 年不变价，剔除价格因素，数据来源于《内蒙古统计年鉴》；对于水资源指标（W），用地区用水总量来衡量，数据来自

《内蒙古统计年鉴》；对于劳动力指标（L），用总就业人数来衡量，数据来自《内蒙古统计年鉴》，同时假设 A 为劳动有效性；对于资本投入指标（K），本书借鉴张军（2004）的做法，采用永续盘存法计算而得。其中，固定资产投资数据来源于《国家统计年鉴》的全社会固定资产完成额，其中，固定资产投资以固定资产价格指数换算为 2000 年不变价，剔除了价格因素。为了与实证模型的一致性，本书对所有变量取了对数，具体变量描述性统计参见表 5-3。

表 5-3　　　　　　　　　变量描述性统计

变量	均值	标准差	最大值	最小值
$\ln y$	8.978	0.893	7.339	9.805
$\ln y'$	10.388	0.875	8.780	11.185
$\ln w$	5.201	0.040	5.117	5.270
$\ln k$	8.556	1.221	6.049	9.775
$\ln l$	7.096	0.129	6.934	7.303

资料来源：作者整理。

三　实证检验及结论分析

利用 2000—2020 年时间序列数据，考察水资源对内蒙古经济增长的影响程度，结果如表 5-4。

表 5-4　　　　　水资源影响内蒙古经济增长的回归结果

变量	(1) $\ln y$	(1) $\ln y'$
$\ln w$	0.125* (0.069)	0.155*** (0.055)
$\ln k$	0.660*** (0.018)	0.654*** (0.019)

续表

变量	(1) ln y	(1) ln y′
ln l	0.370 *** (0.104)	0.177 * (0.095)
_ cons	0.447 (0.376)	5.440 *** (0.344)

注：1. 所有标准误为异方差稳健标准误。
2. $*p<0.1$，$**p<0.05$，$***p<0.01$。

从表5-4中的模型（1）回归结果发现，水资源指标系数在10%水平下显著为正，表明内蒙古水资源每增加1%，经济增长0.125%；资本投入指标系数在1%水平下显著为正，表明资本存量每增加1%，会引起经济增长0.66%；劳动力指标系数在1%的水平下显著为正，表明劳动力每增加1%，经济增长0.37%。

从表5-4模型（2）中的稳健性检验结果发现，水资源、资本投入和劳动力指标回归系数大小与模型（1）输出结果几乎相同，而且分别在1%、1%和10%水平下显著为正。可见，实证分析结果具有稳健性。

为了分析水资源限制对内蒙古经济增长的"阻力"大小，本书进一步测算了水资源限制"增长阻力"。从表5-4模型（1）输出结果可以得出，资本产出弹性 α 为0.66、水资源产出弹性 β 为0.125。利用式 $L_{(2000)} \times (1+n)^X = L_{(2020)}$ 求得劳动增长率（薛俊波，2004）。其中，L 为总就业人数，下标2000和2020分别表示2000年、2020年的总就业人数，这时 X 为21，从而求得劳动增长率 n 为0.008。以同样的方法计算出内蒙古水资源变化率，$W_{(2000)} \times (1+b)^X = W_{(2020)}$，其中 W 为用水量，下标2000和2020分别表示2000年、2020年的水资源量，同样 X 为21，从而求得水资源变化率 b 为0.006。利用式（5-20）就可以计算水资源限制"增长阻力"为 0.00074。根据分析,内蒙古经济增长速度由于水资源限制,每年要降低 0.074 个百分点。这说明,内蒙古经济增长率由于水资源限制产生的"阻力"影响每年都在上一年增长率的基础上下降 0.074%。

第三节　土地资源对内蒙古经济增长的影响研究

一　模型设定

(一) 对已有模型的评价

国内外关于分析资源约束对经济增长的"阻力",主要在古典经济增长模型中纳入资源和环境因素,模型一般形式为:

$$Y_{(t)} = K_{(t)}^{\alpha} R_{(t)}^{\beta} T_{(t)}^{\gamma} [A_{(t)} L_{(t)}]^{1-\alpha-\beta-\gamma} \quad (5-21)$$

$$\alpha > 0, \beta > 0, \gamma > 0, \alpha + \beta + \gamma < 1$$

式中:Y 表示产出、K 表示资本投入、L 表示劳动,A 表示知识或劳动有效性,R 表示自然资源,T 表示土地数量。

已有模型(Romer,2001;薛俊波,2004;谢书玲,2005)度量资源约束的"增长阻力"时一般做出以下假设:

(1):存在自然资源和土地限制的假设是 $T_{(t)} = 0$,$R_{(t)} = -bR_{(t)}$,$b > 0$ 或 $R_{(t)} = 0$。

(2):不受自然资源和土地限制的假设是自然资源和土地会随着劳动力的增长而增长,其增长率等于劳动增长率 n,即 $T_{(t)} = nT$,$R_{(t)} = nTR_{(t)}$。

(二) 假设修正

本书为了进一步分析我国城市化和工业化过程中土地结构的变化对农业部门和非农业部门的影响,在已有文献模型基础上,进行符合内蒙古土地资源特点的修正,并以此为分析出发点,定量测算内蒙古土地资源限制对乡村地区和城镇地区经济的"增长阻力"效应。

对模型假设做以下修正：

第一，存在土地资源限制的假设为 $T_{(t)} = bT_{(t)}$，其中 b 为土地资源的变化率。根据理论分析，b 有两种情况：第一，在农业部门，$b<0$ 为土地资源的减少率，表示在城市化过程中乡村土地不断移向城镇地区；第二，在非农业部门，$b>0$ 为土地资源的增长率（土地从农业部门向非农业部门转移）。本书用这两种假设来代替已有文献中土地资源长期不变的假设。

第二，不受土地资源限制的假设与已有文献模型保持一致，即 $T_{(t)} = nT_{(t)}$，n 为劳动增长率。

（三）模型构建

为了使分析具有可操作性，本书仍采用 Cobb-Douglas 生产函数，模型构建如下：

$$Y_{i(t)} = K_{i(t)}^{\alpha} T_{i(t)}^{\beta} [A_{(t)} L_{i(t)}]^{1-\alpha-\beta} \quad (5-22)$$
$$\alpha > 0, \ \beta > 0, \ \alpha + \beta < 1$$

其中：i 代表不同部门，$i = 1, 2$，1 表示农业部门，2 表示非农业部门；Y_1 表示乡村居民收入，K_1 表示乡村资本投入，L_1 表示乡村劳动力，T_1 表示农业用地面积；Y_2 表示城镇居民收入，K_2 表示城镇资本投入，L_2 表示城镇劳动力，T_2 表示城市建设用地面积；A 表示知识或劳动有效性；t 表示时间；α，β 分别表示资本产出弹性和土地产出弹性。

对式（5-22）两边取自然对数可以得到：

$$\ln Y_{i(t)} = \alpha \ln K_{i(t)} + \beta \ln T_{i(t)} + (1-\alpha-\beta)[\ln A_{(t)} + \ln L_{i(t)}]$$
$$(5-23)$$

式（5-23）两边对时间 t 求导数，根据一个变量的对数对时间的导数等于该变量的增长率，可以推导出经济增长方程：

$$\gamma_{Y_{i(t)}} = \alpha \gamma_{K_{i(t)}} + \beta \gamma_{T_{i(t)}} + (1-\alpha-\beta)[\gamma_{A_{(t)}} + \gamma_{L_{i(t)}}] + \varepsilon$$
$$(5-24)$$

其中，γ 表示所有投入要素的增长率。根据前文分析，土地资源受限制的假设为：$T_{i(t)} = b\, T_{i(t)}$，其中当 $i = 1$，即在农业部门 $b < 0$；当 $i = 2$，即在非农业部门 $b > 0$；同时，平衡增长路径上 $\gamma_Y = \gamma_K$。将 T、A、L 的增长率 b、g、n 代入式（5-24）中，可以得到平衡增长路径上的 Y 的增长率 γ_{Yi}^{bgp} 以及单位劳动力平均产出增长率 $\gamma_{Yi/Li}^{bgp}$：

$$\gamma_{Yi}^{bgp} = \frac{b\beta + (1 - \alpha - \beta)(g + n)}{1 - \alpha} \quad (5-25)$$

$$\gamma_{Yi/Li}^{bgp} = \frac{b\beta + (1 - \alpha - \beta)g - \beta n}{1 - \alpha} \quad (5-26)$$

式（5-26）表示，平衡增长路径上单位劳动力平均收入的增长率可能为正，也可能为负：首先，在农业部门，因乡村地区土地面积逐渐减少（不断转向城市），加之乡村人口增加而引起的单位劳动力平均土地资源减少的两种效应，土地资源限制引起了单位劳动力平均产出最终下降。这两种效应引起的乡村地区单位劳动力平均土地资源量的日益下降使得单位劳动力平均产出下降，而日益下降的单位劳动力平均产出就成为经济增长的"阻力"。然而，在现实情况下，经济增长还与技术进步有关，如果技术进步所带来的经济增长大于土地资源限制所造成的"阻力"，那么单位劳动力平均产出可以持续增长；如果技术进步所带来的经济增长小于土地资源限制所造成的"阻力"，那么单位劳动力平均产出将无法持续增长。其次，在非农业部门，因城镇地区土地面积逐渐增加可以在某种程度上抵消城镇人口增加而引起的单位劳动力平均土地资源的减少效应，因而城镇地区土地限制对经济增长的"阻力"相对于乡村地区要小。同样，如果技术进步所带来的经济增长大于城镇土地资源限制所造成的"阻力"，那么城镇地区单位劳动力平均产出可以持续增长。

本书基于前人理论研究（Nordhuas，1992），利用土地资源量受限制和土地资源量完全不受限制条件下的经济增长率之差来计算土地资源限制对经济增长带来的"阻力"大小。土地资源不受限制条件即土地资源增长率不再是 b,而是 n(劳动力增长率),即 $T_{i(t)} = nT_{i(t)}$。可以得出,在平衡增长路径上,土地资源不受限制情况下的单位劳动力平均产出的增长率为:

$$\tilde{\gamma}_{Yi/Li}^{bgp} = \frac{(1-\alpha-\beta)g}{1-\alpha} \quad (5-27)$$

那么,土地资源限制对经济增长的"阻力"就等于上述土地资源不受限制假设情形下与土地资源受限制情形下的单位劳动力平均产出增长率的差值,即土地资源限制对内蒙古不同部门经济产生的"增长阻力"为:

$$Drag_{ti} = \tilde{\gamma}_{Yi/Li}^{bgp} - \gamma_{Yi/Li}^{bgp} = \frac{(n-b)\beta}{1-\alpha} \quad (5-28)$$

其中当 $i=1$,即在农业部门 $b<0$;当 $i=2$,即在非农业部门 $b>0$。

因此,内蒙古地区经济增长的土地资源"阻力"与土地产出弹性 β、部门土地变化量 b、劳动增长率 n 及资本产出弹性 α 有关。从式(5-28)可以看出,土地资源对内蒙古不同部门经济增长的影响是客观存在的。根据内蒙古实际情况,本书假设的内蒙古乡村土地面积以 b 的速率减少($b<0$),加大了传统的经济增长"阻力";而城市土地面积以 b($b>0$)的速率增加,在某种程度上降低了传统经济增长"阻力"。不论科技发展到哪一种程度,土地资源对经济增长的"阻力"总是存在的。当然,在实际情况中,科技的进步对经济增长带来的推动力从某种程度上掩盖了土地对经济增长的"阻力"影响。我们也可以通过式(5-28)度量土地资源对内蒙古地区不同部门(农业和非农业部门)经济增长产生的"阻力"。

二 研究样本、数据来源和处理

(一) 研究样本

由于数据可获得性,本书分别以2002—2006年和2005—2014年内蒙古各盟市面板数据为研究样本,对实证模型进行回归,得出农业部门和非农业部门土地产出弹性和资本产出弹性,并利用2000—2020年内蒙古城乡土地和劳动力变化情况,分别测算土地资源限制对乡村地区和城镇地区经济增长产生的"增长阻力",分析土地资源对内蒙古经济增长产生的影响。在内蒙古12个盟市中,阿拉善盟城市建成区面积数据缺失,所以本书分析土地资源限制对城镇地区经济增长阻力时没有考虑阿拉善盟。

(二) 数据来源和处理

为了有效测算内蒙古土地资源限制对不同部门经济增长产生的"增长阻力",本书选取了以下指标。对农业部门经济增长指标,本书用第一产业产值(Y_1)来代替,数据均通过农村消费价格指数将其换算为1978年不变价,剔除价格因素,数据来源于《内蒙古统计年鉴》;对于农业部门土地资源指标(T_1),用耕地面积和牧草地面积之和来衡量,其中牧草地面积数据由中国科学院"十三五"信息化专项科学大数据工程项目(XXH13505-07)提供,耕地面积数据来源于wind数据库,由于内蒙古各盟市牧草地面积数据只有2003年和2005年,但有2000—2016年内蒙古总的牧草地面积,所以本书依据2003年和2005年各盟市牧草地面积占比,用插值法计算了其他年份各盟市牧草地数据;对于农业部门劳动力(L_1),用第一产业从业人员数来衡量,数据来源于《内蒙古统计年鉴》,同时假设A为劳动有效性。对非农业部门经济增长指标(Y_2),本书用二三产业产值(Y_2)来衡量,数据以城镇居民消费价格指数换算为1978年不变价,剔除价格指数,数据均来源于《内蒙古统计年鉴》;对于非农业部门土地资源指标（T_2），用城市建成区面积来衡量，数据来源于《内蒙古统计年鉴》；对于非农业部门劳动力（L_2），用二三产业从业人员数来衡量，数据来源于《内蒙古统计年鉴》，同时假设 A 附在 L_2 上，即 A 表示知识或劳动有效性。对于资本投入指标（K_i），由于统计年鉴并没有历年的固定资本存量的数据，因此需要估算 K_i 值。对于 K_i 值的计算普遍采用的是张军等（2004）的永续盘存法，本书沿用该方法计算固定资本存量，$K_{it} = K_{i(t-1)}(1-\delta_{it}) + I_{it}$。其中 K_1 为农业部门资本投资，I_1 为农村固定资产投资，折旧取值为 5%（Perkins，1988；胡永泰，1998；王小鲁等，2000），用第一产业固定资产投资来衡量，数据来源于各盟市《国民经济和社会发展统计公报》，其中的固定资产投资以固定资产价格指数换算为 1978 年不变价，剔除了价格因素；K_2 为非农业部门资本投资，I_2 为城镇固定资产投资，因城市固定资产磨损程度比乡村高，所以城镇固定资产折旧取值为 9.6%，用二三产业固定资产投资来衡量，数据来源于各盟市《国民经济和社会发展统计公报》，并以固定资产价格指数换算为 1978 年不变价，剔除价格因素。为了与实证模型的一致性，本书对所有变量取了对数，具体变量描述性统计与方差膨胀因子参见表 5-5。

表 5-5　　　　变量描述性统计与方差膨胀因子

变量	均值	标准差	最小值	最大值	VIF
$\ln y_1$	3.366	1.166	0.291	4.593	—
$\ln t_1$	5.876	1.348	2.155	7.560	1.130
$\ln k_1$	1.761	1.086	-1.273	3.825	1.950
$\ln l_1$	3.398	1.188	0.438	4.766	1.980
$\ln y_2$	6.639	1.147	4.380	12.382	—
$\ln t_2$	4.396	0.558	3.434	5.561	3.150
$\ln k_2$	6.436	0.907	3.832	8.117	2.330
$\ln l_2$	4.022	0.603	2.949	4.960	3.640

资料来源：作者整理。

三 实证检验及结论分析

(一) 土地资源对农业部门经济的"增长阻力"分析

一般认为如果方差膨胀因子值小于10，可以视为变量之间不存在严重多重共线性问题。从表5-5发现，农业部门经济各变量之间的方差膨胀因子值均小于2，所以本书在回归模型中未考虑变量间的多重共线性问题。

经豪斯曼检验本书选择面板固定效应模型，利用2002—2006年内蒙古12个盟市面板数据，来考察土地资源对内蒙古农业部门经济增长的影响程度，结果如表5-6所示。

表5-6　土地资源影响内蒙古农业部门经济增长的回归结果

变量	(1) $\ln y_1$ 固定效应模型	(2) $\ln y_1$ WLS模型
$\ln l_1$	0.318*** (0.065)	0.698*** (0.055)
$\ln k_1$	0.295*** (0.053)	0.261*** (0.039)
$\ln t_1$	0.271*** (0.084)	0.163*** (0.040)
_cons	0.176 (0.503)	-0.441*** (0.071)
N	60	60
R^2	0.838	0.987
F值	—	1439.770

注：1. 所有标准误为异方差稳健标准误。
2. $*p<0.1$，$**p<0.05$，$***p<0.01$。

从表5-6中的模型 (1) 回归结果发现，劳动力指标系数在

1%的水平上显著为正，表明乡村劳动力每增加1%，农业部门经济增加0.31%；资本投入指标系数在1%水平下显著为正，表明资本存量每增加1%，会引起农业部门经济增长0.29%；土地资源指标系数在1%水平下显著为正，表明农业部门土地每增加1%，农业部门经济将增加0.25%。

为了检验实证结果的稳健性，本书用加权最小二乘回归分析方法，对样本数据进行回归。从表5-6模型（2）输出的结果发现，资本和土地对产出的弹性大小与模型（1）输出结果差别不大，且均在1%水平下显著为正。可见，实证分析结果具有稳健性。

为了分析农业部门土地资源变化对经济增长产生的"阻力"大小，本书进一步测算了土地资源限制"增长阻力"。从表5-6中模型（1）输出结果可以得出，资本生产弹性 α 为0.295、土地生产弹性 β 为0.271。利用公式 $L_{1(2000)} \times (1+n)^X = L_{1(2020)}$ 求得劳动增长率（薛俊波，2004）。其中，L_1 为第一产业从业人员，下标2000和2020分别表示2000年、2020年的乡村从业人数，这时 X 为21，从而求得劳动增长率 n 为 -0.011。以同样的方法计算出内蒙古农业部门土地资源减少率，$T_{1(2000)} \times (1+b)^X = T_{1(2020)}$，其中 T_1 为乡村土地面积，下标2000和2020分别表示2000年、2020年的农牧业土地面积，同样 X 为21，从而求得农业部门土地面积减少率 b 为 -0.006。利用式（5-28）就可以计算农业部门土地资源限制"增长阻力"为0.0019。根据分析，内蒙古农业部门经济增长速度由于土地资源限制，每年要降低0.19个百分点。这说明，内蒙古农业部门经济增长率由于土地资源限制产生的"阻力"，每年都在上一年增长率的基础上下降0.19%。

内蒙古城市化和工业化发展过程中，需要土地集约化利用，使土地资源城乡投入合理化，实现城乡经济协调发展，推动经济可持续发展。Nordhaus利用此类模型计算出土地资源限制对美国经济增长的"阻力"为0.24%；薛俊波（2004）、谢书玲（2005）、杨扬（2007）等计算出来的土地对我国经济增长的"阻力"分别为1.75%、1.45%和0.92%。显然内蒙古农业部门土地资源限制对经济增长的"阻力"比较大，导致这个原因可能是理论机制分析中所得出的土地资源对农业部门经济增长中的"土地供给阻力"$\beta\gamma_\varphi$引起。其中，β表示土地产出弹性，即为模型（1）的土地资源回归系数0.271，γ_φ表示土地经济供给的环比变化率①，通过计算得到2000—2020年平均"土地供给阻力"$\beta\gamma_\varphi$为0.18%。

（二）土地资源对非农业部门经济的"增长阻力"分析

同样，由于表5-5中的非农业部门经济各变量之间的方差膨胀因子值均小于4，所以本书在回归模型中未考虑变量间的多重共线性问题。经豪斯曼检验，本书选择面板固定效应模型，利用2005—2014年内蒙古11个盟市（未考虑阿拉善盟）面板数据，来考察土地资源对内蒙古非农业部门经济增长的影响程度，结果如表5-7。

表5-7　土地资源影响内蒙古非农业部门经济增长的回归结果

变量	（1） $\ln y_2$ 固定效应模型	（2） $\ln y_2$ OLS模型
$\ln l_2$	0.084 (0.227)	0.073 (0.219)
$\ln k_2$	0.803*** (0.103)	0.849*** (0.131)
$\ln t_2$	0.557** (0.232)	0.417*** (0.125)

---

① 土地经济供给环比变化率计算公式为：$\gamma_\varphi = \dfrac{T_t - T_{t-1}}{T_{t-1}} \times 100\%$。

续表

变量	(1) $\ln y_2$ 固定效应模型	(2) $\ln y_2$ OLS模型
_cons	-1.318** (0.613)	-0.954** (0.370)
N	110	110
R^2	0.731	0.733
F值	—	233.060

注：1. 所有标准误为异方差稳健标准误。
2. $*p<0.1$，$**p<0.05$，$***p<0.01$。

从表5-7中的模型（1）输出结果发现，非农业部门资本投入指标系数在1%水平下显著为正，表明资本存量每增加1%，非农业部门经济会增加0.8%；土地资源指标系数在1%水平下显著为正，表明土地要素投入每增加1%，非农业部门经济会增加0.56%；非农业部门劳动力指标系数在较低显著水平下为正值，表明非农业地区劳动力指标对经济的影响不显著。从模型（2）中的OLS回归结果看，非农业部门资本投入指标和土地资源指标系数均在1%水平下显著为正，且系数值大小与模型（1）输出的结果相差较小，表明实证结果具有稳健性。

为了分析非农业部门土地资源变化对经济增长产生的"阻力"大小，本书进一步测算了土地资源限制"增长阻力"。从表5-7中模型（1）输出结果可以得出，非农业部门资本产出弹性 α 为 0.803、土地生产弹性 β 为 0.557。利用公式 $L_{2(2000)} \times (1+n)^X = L_{2(2020)}$ 求得劳动增长率。其中，L_2 为二三产业从业人员，下标2000和2020分别表示2000年、2020年的城镇就业人数，这时 X 为21，从而求得劳动增长率 n 为0.0218。以同样的方法计算出内蒙古非农业部门土地资源减少率，$T_{2(2000)} \times (1+b)^X = T_{2(2020)}$，其中 T_2 为城镇土地面积，下标2000和2020分别表示2000年、2020年的城镇建成区面积，同样 X 为 21，从而求得非农业部门土地面积增长率 b 为 0.013。利用式（5-28）就可以计算非农业部门土地资源限制"增长阻力"为 0.025。由于随着社会经济的发展，人口不断从农村流向城市，因此，虽然城市建设用地面积在逐年增加，但是随之其承载的人口数量也在增加，通过计算发现城市土地增长速度低于城市劳动力增长速度，内蒙古城市土地限制对经济增长产生的"阻力"为 0.025。

内蒙古土地资源对非农业部门经济增长的阻力大于农业部门的"增长阻力"。值得注意的是，如果其他条件不变，农业部门土地不断转向非农业部门，那么最终的土地资源限制对农业部门带来的"增长阻力"大于非农业部门，然而通过数据分析得出相反的结论。导致这种差别的原因可能在于城镇化过程中土地资源不断从农业部门转向非农业部门的同时，农业部门人口也不断转向非农业部门，是两种要素共同作用的结果。土地在城乡之间转移过程中对城镇地区和乡村地区经济增长的作用不同，正如在理论部分中得出的结论：在非均衡经济体的实际情况下，土地供给从农业部门转移到非农业部门过程中产生两种效应：一是对非农业部门来说，土地的经济供给是不断增加的，那么这部分增加的土地对经济增长的贡献应为正，我们称之为土地经济供给增加产生的推动力，简称为"土地供给动力"，这种效应可以在某种程度上抵消传统的"增长阻力"；二是对农业部门来说，土地经济供给是不断减少的，那么这部分减少的土地对经济增长的贡献应为负，我们称之为土地经济供给减少产生的阻力，简称"土地供给阻力"，再加之传统的"增长阻力"，土地对乡村地区经济增长的阻力相对城镇地区比较大，其中，前提条件为土地从农业部门向非农业部门转移的速度大于劳动力，如果相反，则结果可能相反。从实证分析结果中发现，农业劳动力增长速度为 -0.011，而农业土地增长速度为 -0.006，即土地资源从农业部门向非农业部门转移的速度小于劳动力从农业部门向非农业部门转移的速度。因此，虽然城镇地区土地在增加，但劳动力增加速度大于土地增加速度，人均土地资源表现出相对在减少特征，最终城镇地区土地资源约束的"增长阻力"大于农村地区。

第四节 本章小结

本章在第四章分析的煤炭资源、水资源和土地资源对内蒙古经济增长影响机制的基础上，对 Romer（2001）模型进行扩展，采用 Cobb-Douglas 生产函数，构建相关模型，采用固定面板效应模型、WLS 模型和 OLS 模型，研究内蒙古煤炭资源、水资源和土地资源总量约束对经济增长的影响，并测算了三种自然资源限制"增长阻力"。主要结论如下：

（1）煤炭资源限制对内蒙古经济增长的影响。本章以 2009—2020 年时间序列为研究样本，实证分析内蒙古煤炭资源对经济增长的影响，发现煤炭资源消耗量每增加 1%，经济增长 0.357%。利用相关指标回归系数，运用式（5-10）测算煤炭资源限制对内蒙古经济增长产生的"增长阻力"为 0.0069。即内蒙古经济增长速度由于煤炭资源限制，每年要降低 0.69 个百分点。内蒙古煤炭资源虽为丰富，但作为可耗竭资源，在经济可持续增长过程中，其供给量递减。在不及时转变粗放型开采模式的情况下，煤炭资源消耗速度更快，煤炭资源对经济增长的"阻力"会更大。

（2）水资源限制对内蒙古经济增长的影响。本章以 2009—2020 年时间序列为研究样本，分析内蒙古水资源对经济增长的影响，并测算了水资源限制对内蒙古经济增长产生的"增长阻力"。研究发现，内蒙古水资源每增加 1%，经济将增长 0.125%。在回归分析的基础上，利用式（5-20）计算水资源限制"增长阻力"

为 0.00074。根据分析，内蒙古经济增长速度由于水资源限制，每年降低 0.0742 个百分点。这说明，内蒙古经济增长率由于水资源限制产生的"阻力"影响每年都在上一年增长率的基础上下降 0.074%。

（3）土地资源限制对内蒙古经济增长的影响。本章分别以 2002—2006 年和 2005—2014 年内蒙古各盟市面板数据为研究样本，对实证模型进行回归，得出农业部门和非农业部门土地产出弹性和资本产出弹性，并利用 2000—2020 年内蒙古城乡土地和劳动力变化情况，分别测算了土地资源限制对乡村地区和城镇地区经济增长产生的"增长阻力"，分析土地资源对内蒙古城乡经济增长产生的影响。研究发现，内蒙古农业部门土地资源每增加 1%，其经济将会增加 0.27%，土地资源限制对内蒙古农业部门经济产生的"增长阻力"为 0.0019；内蒙古非农业部门土地每增加 1%，其经济将会增加 0.56%，土地资源限制对内蒙古非农业部门经济的"增长阻力"为 0.025。

第六章 自然资源约束对内蒙古经济增长影响的实证研究:综合考察

本章在第四章综合机制分析基础上,结合内蒙古实际情况,以煤炭资源为主线,综合考虑与煤炭资源开采活动密切相关的水资源和土地资源,利用2000—2020年内蒙古12个盟市面板数据,采用固定效应面板模型,验证本书在第四章第四节中提出的四个命题,实证检验内蒙古煤炭资源禀赋优越引起的约束路径以及三种自然资源间的综合作用对经济增长的影响。

第一节 模型设定

一 关于命题1的实证模型设定

考虑到影响地区经济增长的因素众多,本书在参考邵帅和杨莉莉(2010)、Gylfason 和 Zoega(2010)等研究的基础上,通过逐步引入控制变量,考察核心变量煤炭资源丰裕度对经济增长的净影响。具体模型设定如下:

$$g_{it} = \alpha_0 + \alpha_1 \ln y_{i,t-1} + \alpha_2 ra_{it} + \alpha_3 z_{it} + \alpha_4 D_T + \alpha_5 D_G + \varepsilon_{it} \quad (6-1)$$

其中,等式左侧的 g 为因变量,代表经济增长水平,本书用人均 GDP 增长率来衡量。$\ln y_{t-1}$ 为滞后一期人均 GDP 的自然对数,是本书所有模型基本控制变量之一。本书借鉴邵帅和杨莉莉(2010)

和邵帅等（2013）的做法，模型中加入滞后一期人均 GDP 的自然对数来控制各地区初始经济状态的差异。同时，还可以在一定程度上降低资源依赖度变量具有的潜在内生性问题。ra 为煤炭资源开采量，也是代表煤炭资源丰富度的指标。Z 为影响经济增长的其他控制变量。D_T 和 D_G 分别是时间虚拟变量和地理虚拟变量，是本书所有模型基本控制变量。i 表示不同的地区，t 表示年份，$\alpha_0 - \alpha_5$ 为待估计参数，ε 为误差项。

二 关于命题 2 的实证模型设定

命题 2 认为煤炭资源丰富的经济体容易产生煤炭资源依赖。为了检验这一命题，本书设立了如下实证模型：

$$rd_{it} = \beta_0 + \beta_1 \ln y_{i,t-1} + \beta_2 ra_{it} + \beta_3 D_T + \beta_4 D_G + \mu_{it} \quad (6-2)$$

其中，rd 为煤炭资源依赖度；$\beta_0 - \beta_4$ 为待估计参数；μ 为误差项。

三 关于命题 3 的实证模型设定

现有文献对资源"诅咒"的传导机制解析主要为"挤出效应"假说，不同挤出效应往往可以通过经济增长的代表性影响变量被反映出来。如对制造业的挤出效应"荷兰病"的代表性变量为制造业投资、对教育投资活动的挤出效应的代表性变量为人力资本投资等。本书在已有文献的基础上，总结了多种传导机制，考虑挤出效应所对应的潜在传导因素为人力资本水平、技术创新能力、制造业投入水平、水资源和土地资源，分别考察潜在传导因素与资源依赖度之间的关系，建立实证模型（6-3）。同时，结合内蒙古实际情况，反映政府干预度对资源型地区自然资源与经济增长关系的影响，模型（6-3）中引入了自然资源依赖度与政府干预度的交乘项。为了进一步探索自然资源间的综合作用对经济增长的影响，本书建立了实证模型（6-4），分析自然资源依赖作用于水资源和土地资源进而影响经济增长的过程。具体模型如下：

$$Z_{it} = \gamma_0 + \gamma_1 \ln y_{i,t-1} + \gamma_2 rd_{it} + \gamma_3 gi_{it} + \gamma_4 rd_{it} \times gi_{it} + \gamma_5 D_T + \gamma_6 D_G + \delta_{it} \tag{6-3}$$

$$lr_{it} = \gamma'_0 + \gamma'_1 \ln y_{i,t-1} + \gamma'_2 rd_{it} + \gamma'_3 \ln wr_{it} + \gamma'_4 rd_{it} \times \ln wr_{it} \\ + \gamma'_5 D_T + \gamma'_6 D_G + \delta'_{it} \tag{6-4}$$

其中，gi 为政府干预度，$rd_{it} \times gi_{it}$ 为煤炭资源依赖度和政府干预度的交乘项，lr 为土地资源，$\ln wr$ 为水资源，$\gamma_0 - \gamma_6$、$\gamma'_0 - \gamma'_6$ 为待估计参数；δ 和 δ' 为误差项。

四 关于命题 4 的实证模型设定

为了反映煤炭资源依赖度对长期经济增长的净影响，基于对已有相关文献使用模型进行改进（Papyrakis and Gerlagh，2004），建立多元线性回归模型，逐步引入其他影响经济增长的因素，控制它们对经济增长的影响。具体模型如下：

$$g_{it} = \rho_0 + \rho_1 \ln y_{i,t-1} + \rho_2 rd_{it} + \rho_3 z_{it} + \rho_4 D_T + \rho_5 D_G + u_{it} \tag{6-5}$$

其中，$\rho_0 - \rho_5$ 为待估计参数，u 为误差项。

第二节 研究样本、数据来源和指标数据

一 研究样本

本书以内蒙古地级市为研究样本。选择内蒙古地级市作为研究样本的原因在于内蒙古地区为我国煤炭资源最丰富的地区的同时也是我国最大农牧地区和水资源稀缺地区。分析其自然资源对经济增长产生的多种作用机理有助于深化自然资源与经济增长关系的系统认识，有效识别地区经济可持续增长影响因素。

内蒙古 9 个地级市 3 个盟中由于乌兰察布市不产煤炭，兴安盟

和巴彦淖尔市有些年份数据的缺失，本书没有考虑以上三个地级市（盟），因此本书最终选取阿拉善盟、包头市、赤峰市、鄂尔多斯市、呼伦贝尔市、呼和浩特市、通辽市、乌海市、锡林郭勒盟 9 个城市作为研究样本。

由于数据可获得性，本书考察的时间范围为 2000—2020 年。样本的面板数据包括了 9 个截面单位 20 年的数据，样本每个指标的观测值为 180 个。

二　数据来源

本书数据主要来源于内蒙古各盟市《统计年鉴》、《中国城市统计年鉴》、国家统计局网站和 wind 数据库。由于内蒙古部分地区统计年鉴信息的保密性，需要去国家图书馆申请阅览纸质版统计年鉴。因此，本书在具体数据分析过程中，只给出了基于原始数据运算的最终结果。

三　指标数据

经济增长指标。根据已有研究文献，本书以人均 GDP 增长率来衡量一个地区的经济增长水平。由于相关统计年鉴未对人均 GDP 增长率进行汇报，本书根据邵帅和杨莉莉（2010）的人均 GDP 公式[①]计算得出各城市不同年份的人均 GDP 增长率，记为 g。

煤炭资源丰富度。我国是世界上煤炭开采量最大的国家，煤炭在能源中占比较大。本书根据邵帅和杨莉莉（2010）的研究，以人均煤炭产量来衡量煤炭资源丰富程度，同时这一指标也能反映煤炭资源开采量，记为 ra。

---

① 第 t 年人均 GDP 增长率 =（第 t 年 GDP 增长率 +1）×（第 $t-1$ 年平均人口/第 t 年平均人口）-1。

煤炭资源依赖度。本书根据徐康宁和王剑（2006）的研究，用采矿业从业人数占全部从业人数的比重来衡量煤炭资源依赖程度，记为 rd。

基于现有文献，本书控制了其他可能影响经济增长的变量，主要有人力资本、创新能力、物质资本、基础设施建设水平、制造业投入水平和制度、水资源和土地资源因素。

人力资本。关于人力资本的度量，很多文献用了普通高校在校生人数。由于本书样本数据为地级市数据，有些地方没有高校，因此本书选取普通中学在校生人数占总人口比重来度量人力资本，记为 hc。

创新能力。技术创新能力与经济发展水平紧密相关。技术创新能力的提高使生产效率提高，有助于经济增长。本书用从事科技活动人数占人口的比重来反映，记为 se。

物质资本。物质资本是经济增长函数基本投入要素之一，本书以全社会固定资产投资总额占生产总值的比重来衡量物质资本投资程度，记为 fai。

基础设施建设水平。完善的基础设施会加速社会经济活动，是经济长期持续稳定发展的基础（刁永祚，2014）。本书使用城市人均铺装道路面积来衡量基础设施建设水平，记为 ii。

制造业投入水平。已有研究文献对"资源诅咒"现象的出现最常见的解释就是资源开采活动对制造业产生了挤出效应。本书为了检验我国重点煤炭城市资源开采活动是否对制造业产生挤出效应，用制造业从业人数占全部从业人数比重来衡量制造业投入水平，记为 mi。

制度因素（政府干预度）。制度在经济发展过程中扮演着非常重要的角色。如果一个地区制度质量高，则有助于该地区经济的稳定持续增长；若一个地区制度质量低，则在经济发展过程中出现腐败、寻租等一系列问题，不利于经济的稳定发展。目前我国煤炭资源开采活动中政府和资源管理部门的管制作用比较大。所以本书参照张军和金煜（2005）、邵帅和杨莉莉（2010）等文献的方法，以扣除科教支出的财政支出占生产总值的比重来反映制度质量指标，记为 gi。

此外，考虑到内蒙古煤炭产业对水资源和土地资源的耗费和污染等实际情况，本书加入了一个尚未被研究的传导机制因素——其他自然资源，即水资源和土地资源。众多学者把资源环境因素作为生产过程中的投入要素处理，纳入技术效率框架，分析资源环境对经济增长的影响（Reinhard et al., 2000; Hailu and Veeman, 2001; 李涛, 2013）。目前还没有看到有文献把与煤炭资源开采行为直接相关的土地资源和水资源的耗费和污染纳入传导机制分析框架。按照已有文献分析工业发展对土地资源、水资源和环境产生不利影响的思路，分析采矿业对与开采活动息息相关的水资源和土地资源的相关产业产生挤出效应的渠道是必要的。本书认为在资源有限的条件下，煤炭资源的大力开采导致的土地资源和水资源的耗费和污染给其他产业（如农牧业）带来土地资源和水资源需求量的相对减少。土地资源和水资源是人们赖以生存和经济发展的基本保障和基础，煤炭产业的大力开采导致的水资源和土地资源的相对减少对其他产业发展产生一定的挤出效应。

水资源。内蒙古是我国煤炭资源最丰富的地区，也是水资源比较缺乏的地区。煤炭资源开采对水资源的大量需求可能会在一定程度上影响居民生活用水。本书用城市人均供水量来衡量水资源情况，记为 wr。

土地资源。内蒙古是我国最大的农牧业地区，煤炭开采对农地的破坏性较大，影响粮食播种面积。本书用人均播种面积来衡量土地资源，记为 lr。

考虑到各地区初始经济状态的差异，控制了各地区滞后一期人均GDP的自然对数（$\ln y_{t-1}$）。同时，引入了时期虚拟变量（D_T）和地理虚拟变量（D_G）。各变量定义详见表6-1。

表6-1　　　　　　　　　变量定性描述

指标	符号	指标说明	单位
经济增长	g	人均GDP增长率	%
煤炭资源依赖度	rd	采矿业从业人数占全部从业人数比重	%
煤炭资源丰富度	ra	人均煤炭产量	吨/人
人均GDP自然对数	$lgdp$	人均GDP取自然对数	元/人
人力资本	hc	普通中学在校生人数占总人数比重	%
创新能力	se	从事科技活动人数占总人口比重	%
物质资本	fai	全社会固定资产总投资占GDP比重	%
制造业投入水平	mi	制造业从业人数占全部从业人数比重	%
基础设施建设水平	ii	人均铺装道路面积	平方米/人
政府干预度	gi	扣除科教支出的财政支出占GDP比重	%
水资源	wr	人均供水量	吨/人
土地资源	lr	人均播种面积	公顷/人
时期虚拟变量	D_T	—	—
地理虚拟变量	D_G	—	—

资料来源：作者整理。

第三节　实证检验及结论分析

为了检验本书的4个命题，本书以内蒙古自治区9个盟市2000—2020年面板数据作为样本，对不同实证模型进行了回归分析。表6-2为各变量的描述性统计及方差膨胀因子值。一般认为如果方差膨胀因子值小于10，可以视为变量之间不存在严重多重共线性问题。从表6-2发现，变量之间的方差膨胀因子值都小于5，所以本书回归模型中未考虑变量间的多重共线性问题。

表 6-2　　　　　　变量描述性统计与方差膨胀因子值

变量	样本量	均值	标准差	最小值	最大值	方差膨胀因子
g	189.00	12.71	7.35	-3.60	35.20	—
$lgdp$	180.00	10.57	1.02	8.18	12.28	4.25
rd	189.00	3.36	3.99	0.00	27.20	1.62
ra	189.00	44.43	73.38	0.00	345.37	1.79
hc	189.00	5.45	1.14	3.46	8.45	3.63
se	189.00	0.06	0.08	0.00	0.47	1.16
fai	189.00	65.90	28.20	19.95	185.56	1.37
ii	189.00	18.80	14.60	3.42	73.00	1.67
mi	189.00	4.93	4.77	0.70	24.04	1.93
gi	189.00	15.55	6.41	7.15	36.67	2.40
wr	189.00	94.95	40.63	13.28	227.36	1.63
lr	189.00	0.23	0.16	0.01	0.84	2.07

一　对命题 1 的实证检验

首先利用实证模型（6-1）来考察自然资源开采对短期经济增长的影响。内蒙古自治区人民政府 2003 年出台《关于加快发展重点煤炭企业的指导意见》（简称 2003 年《意见》）加之我国能源政策调整等原因，2003 年之后内蒙古煤炭资源开采量急剧上升。本书为了分析政策效应持续期间内蒙古煤炭开采对短期经济增长的影响，设定了年份虚拟变量 $yearr$，2003 年之后的年份赋值为 1；并以 2003 年为节点，逐步分析每增加一年煤炭资源对经济增长产生何种影响。表 6-3 为分别汇报了不同年份的回归结果。

表 6-3　　　　　　对命题 1 的实证检验结果

	(1) g	(2) g	(3) g	(4) g	(5) g	(6) g	(7) g
$lgdp$	1.769 (2.891)	-25.950*** (8.014)	-24.460*** (6.878)	-18.180*** (6.117)	-15.570** (6.766)	-12.160** (5.885)	-8.764* (5.157)

续表

	(1) g	(2) g	(3) g	(4) g	(5) g	(6) g	(7) g
ra	0.101*** (0.030)	0.156* (0.080)	0.133** (0.061)	0.065 (0.041)	0.029 (0.032)	0.005 (0.020)	-0.013 (0.011)
$yearr$	9.384** (3.663)	26.860*** (7.938)	31.300*** (7.739)	29.210*** (8.862)	30.030** (12.000)	24.810** (12.110)	19.230 (11.630)
hc	2.087* (1.040)	0.395 (2.079)	0.378 (1.571)	0.058 (1.326)	0.616 (1.291)	0.504 (1.189)	0.446 (1.118)
se	16.460* (9.076)	-3.063 (7.839)	-4.422 (6.662)	-5.021 (6.354)	11.120 (14.560)	15.420 (15.250)	18.580 (14.940)
fai	0.033 (0.070)	0.039 (0.044)	0.054 (0.035)	0.048 (0.038)	0.061 (0.039)	0.060 (0.038)	0.063* (0.036)
ii	-0.233 (0.374)	0.506 (0.467)	0.471 (0.348)	0.261 (0.321)	0.201 (0.291)	0.226 (0.270)	0.261 (0.246)
mi	0.019 (0.237)	-0.248 (0.418)	-0.142 (0.290)	0.052 (0.290)	0.075 (0.257)	0.114 (0.218)	0.131 (0.209)
wr	0.001 (0.001)	0.015** (0.006)	0.018*** (0.005)	0.024*** (0.006)	-0.002 (0.002)	-0.002 (0.002)	-0.002 (0.001)
lr	4.877 (10.530)	30.630 (29.070)	14.760 (24.690)	17.840 (21.070)	41.240** (20.010)	43.550** (19.040)	45.560** (17.610)
gi	-0.199 (0.218)	-0.105 (0.199)	-0.146 (0.186)	-0.251 (0.255)	-0.361 (0.288)	-0.318 (0.272)	-0.290 (0.263)
D_T	Y	Y	Y	Y	Y	Y	Y
D_G	N	Y	Y	Y	Y	Y	Y
N	45	54	63	72	81	90	99
R^2	0.778	0.852	0.835	0.792	0.723	0.712	0.720
时期	2000—2005	2000—2006	2000—2007	2000—2008	2000—2009	2000—2010	2000—2011

注：1. 所有标准误为异方差稳健标准误。
2. $*p<0.1$，$**p<0.05$，$***p<0.01$。

表6-3中的模型（1）考虑了相关政策实施之后的两年内煤炭资源开采对经济增长的影响。从结果中发现，煤炭资源丰富度系数在1%的水平下显著为正，表明煤炭资源每增加1个百分点，经济增长0.101%，煤炭资源开采显著推动了地区经济增长；同时政策

虚拟变量 yearr 的系数在 5% 的水平下显著为正，可见内蒙古支持重点煤炭企业发展政策对当地经济增长表现出了明显的积极影响；模型中加入了其他可能影响经济增长的因素作为控制变量，其中教育投入和科学技术投入对经济增长有显著的推动作用。

从模型（2）和模型（3）可以发现，我们把时间逐步推移到 2003 年《意见》实施后的第三年和第四年，自然资源开采对经济增长仍然表现出显著的积极影响，煤炭资源丰富度系数分别在 10% 和 1% 的水平下显著为正；政策虚拟变量在两个模型中均在 1% 的水平下显著为正，说明 2003 年《意见》的出台显著影响了当地经济的发展；从控制变量系数中发现，水资源对经济增长表现出显著的积极作用，两个模型中的系数分别在 5% 和 1% 的水平下显著为正。

值得注意的是，从模型（4）开始，我们观察的核心变量（煤炭资源丰富度）对经济增长的影响从显著正向变为不显著，证明了命题 1，煤炭资源开采有利于短期经济增长。模型（4）中考察的年份为 2000—2008 年，恰好是 2003 年《意见》出台，煤炭资源大力开采后的第 5 年。很多经济研究中，考虑短期经济影响，通常以 5 年作为一个周期，一般 3—5 年视为短期。为了得到稳健的实证结果，本书在模型（5）和模型（6）中逐步增加了两年数据，实证结果显示煤炭资源丰富度对经济增长的影响仍然不显著，即在长期，煤炭资源的大力开采不一定有助于当地经济增长。在模型（4）—模型（6）中，政策变量系数分别在 1%、5% 和 5% 的水平下显著为正，说明政策对当地经济的积极效应仍然存在。从控制变量系数发现，水资源和土地资源对经济增长表现出显著的积极影响。

在模型（7）中，一直显著的政策变量也开始变为不显著，说明 2003 年《意见》实施的政策效应对经济增长的积极影响已消失。煤炭资源丰富度系数从正值变为负值，煤炭资源开采在长期可能会抑制经济增长。从控制变量系数发现，固定资产投资和土地资源对经济增长表现出积极的影响。固定资产对经济增长的积极影响很可能在某种程度上反映了资源型地区的经济增长对物质资本投资的依赖性，具体的影响机制我们在命题3的检验中详细讨论。

从整体来看，自然资源开采对经济增长的影响在2003年《意见》出台的2003年到2007年的5年时间里均表现为显著的积极影响，即煤炭资源开采有利于短期经济增长，验证了本书的命题1。并在逐步加入各年份数据的模型（1）—模型（3）中煤炭资源丰富度系数均为显著的正值，说明本书对命题1的假说检验具有稳健性。同时，从模型（4）—模型（7）中发现，逐步加入各年份数据，煤炭资源丰富度变量系数均为不显著，表明在长期，煤炭资源开采对经济增长的积极影响已消失。2003年《意见》对经济增长的影响持续到2010年，在模型（1）—模型（6）中政策变量系数均显著为正。观察各模型的控制变量发现，教育投入、科技投入、固定资产投入、水资源和土地资源对经济增长表现出显著的积极影响；而制造业和基础设施投入对经济增长的影响不显著，说明制造业对资源型地区并没有发挥应有的促进作用；政策变量系数为显著水平低的负值，说明政府的过多干预可能不利于经济增长。

二 对命题2的实证检验

已有研究文献在分析自然资源对经济增长的影响时，主要以自然资源丰富度和自然资源依赖度两个不同指标来衡量，得出的最终结论也不尽相同。因而本书在研究自然资源对经济增长的影响时先对煤炭资源丰富度和煤炭资源依赖度之间的关联效应进行分析，以此检验本书的命题2（回归结果详见表6-4）。

表 6-4　　　　　　　　对命题 2 的实证检验结果

变量	(1) rd
lgdp	-0.189 (1.131)
ra	0.0169*** (0.004)
_cons	10.190 (10.620)
D_T	Y
D_G	Y
N	180
R^2	0.739

注：1. 所有标准误为异方差稳健标准误。
2. $*p<0.1$，$**p<0.05$，$***p<0.01$。

从表 6-4 中的回归结果发现，煤炭资源丰富度指标的系数在 1% 的水平下显著为正（0.0169），说明煤炭资源丰富地区容易产生煤炭资源依赖。从命题 1 的检验中我们发现资源型地区自然资源的开采在短期内有利于经济发展。从 2003 年《意见》也能看出，资源型地区政府部门愿意利用自然资源禀赋优势发展当地经济。然而，资源型地区在煤炭资源开采过程中，由于过度重视煤炭资源对经济带来的"资源红利"，生产要素不断流入资源产业，容易出现产业结构单一化、资源依赖的现象。接下来检验命题 3 的过程中主要讨论自然资源依赖对经济增长的影响途径。

三　对命题 3 的实证检验

梳理已有研究文献发现，资源型经济体在其经济发展过程中，有些从自然资源中获益而有些却没有。分析自然资源对经济增长的背后影响机制，有利于资源型地区利用资源禀赋优势，实现社会经济稳定持续发展。本书为了分析内蒙古煤炭资源禀赋优越引起的约束路径，借助"挤出"效应的思想，建立了实证模型（6-3），同时控制教育投入、科技投入、制造业投入、固定资产投入、基础设施建设、政府干预、水资源投入和土地资源投入八个潜在传导因素。同时为了进一步探索自然资源对经济增长的综合影响，本书建立了实证模型（6-4），分析自然资源依赖作用于水资源和土地资源而影响经济增长的过程，验证本书提出的命题3。实证检验结果如表6-5所示。

表6-5 对命题3的实证检验结果

	(1) hc	(2) se	(3) mi	(4) fai	(5) ii	(6) gi	(7) lnwr	(8) lr
rd	-0.579*** (0.124)	-0.039** (0.183)	-0.114 (0.296)	4.459** (2.142)	-0.523 (0.522)	0.624*** (0.135)	-0.613*** (0.133)	-0.020* (0.012)
gi	-0.478*** (0.057)	-0.048*** (0.008)	-0.609*** (0.139)	2.573** (1.222)	-0.519* (0.286)		-0.415*** (0.065)	
rdgi	0.034*** (0.010)	0.004*** (0.007)	0.036* (0.020)	-0.180 (0.168)	0.059* (0.036)		0.046*** (0.009)	
lgdp		0.047 (0.067)	0.133 (0.371)	-16.200 (10.930)	8.733*** (2.678)	-5.357*** (0.554)	-0.509* (0.278)	-0.107*** (0.023)
lnwr								-0.066** (0.027)
rdlnwr								-0.007*** (0.002)
_cons	20.411*** (1.512)	0.527 (0.662)	10.783** (4.870)	137.600 (108.300)	-70.970*** (26.560)	47.910*** (4.625)	14.139*** (0.194)	2.120*** (0.275)
D_T	Y	Y	N	Y	Y	Y	Y	Y
D_G	Y	N	N	Y	Y	N	N	N
N	189	180	180	180	180	180	180	180
R^2	0.862	0.425	0.237	0.607	0.393	0.477	0.397	0.352

注：1. 所有标准误为异方差稳健标准误。
2. $*p<0.1$，$**p<0.05$，$***p<0.01$。

从表 6-5 的模型（1）发现，煤炭资源依赖指标系数在 1% 的水平下显著为负（-0.579），表明对煤炭资源的过度依赖会对教育投资产生"挤出"效应；政府干预度指标系数也表现出在 1% 水平下显著为负（-0.478），说明政府的过度干预行为对教育投资产生消极影响；我们为了进一步分析煤炭资源依赖与政府干预度共同作用对教育投资活动的影响，发现二者交乘项（$rdgi$）的系数在 1% 水平下显著为正（0.034），即在政府适度干预下，对煤炭资源的适度依赖有利于教育投资活动。这也从侧面表明，如果政府把从煤炭资源开采中得到的收益成功转向其他生产性资本，如人力资本投资，可以补充经济增长后劲，有利于经济持续发展。

模型（2）报告的是科学技术投资与煤炭资源依赖之间的关系。从回归结果中发现，煤炭资源依赖指标系数在 1% 水平下显著为负值（-0.039），表示资源型地区对自然资源的过度依赖会对科技投入活动产生"挤出"效应；政府干预度指标系数在 1% 水平下显著为负（-0.048），表明政府的过度干预对科学技术投入活动产生消极影响；从政府干预度和煤炭资源依赖度指标交乘项系数发现，在 5% 水平下显著为正（0.004），说明在政府干预下，对煤炭资源的适度依赖会对科学技术投入活动产生积极影响。这同样也从另一个侧面反映，政府干预经济，把资源型资本转为其他生产型资本，如科技投入，满足经济可持续发展的需求。

模型（3）报告的是制造业投入与煤炭资源依赖之间的关系。从结果中发现，煤炭资源依赖指标系数为显著性水平较低的负值（-0.114），煤炭资源的过度依赖可能会对制造业产生"挤出"效应；政府干预度变量系数在 1% 水平下显著为负（-0.6088），表明政府过度干预行为会对制造业投入产生消极影响；而政府干预度和煤炭资源依赖度指标交乘项系数则表现出在 10% 水平下显著为正，说明在政府的适度干预下，对自然资源的适度依赖有利于制造业投入活动。这也从一个侧面反映出，如果政府适度干预经济活动，在发展资源型产业的同时发展其上下游企业，可实现产业多元化，避免产业结构单一化。

模型（4）报告了固定资产投资与煤炭资源依赖度之间的关系。从煤炭资源依赖度指标系数发现，在5%水平下显著为正（4.459），而且其系数较大，表明煤炭资源依赖促使了物质资本积累活动；政府干预度指标系数也在5%水平下显著为正（2.573），表示政府干预活动对固定资产投资活动产生了积极影响。上面两个指标系数反映了资源型经济体经济发展的主要特征，即资源型地区还是主要靠物质资本投资来拉动经济发展。这种资源型地区粗放型经济发展模式值得我们去深思。从政府干预度和煤炭资源依赖度指标交乘项系数发现其系数为不显著的负值，表明政府干预活动并没有改变煤炭资源依赖对资本投入活动的影响。

模型（5）报告了基础设施建设水平与煤炭资源依赖之间的关系。从结果看，煤炭资源依赖度指标系数为显著水平较低的负值，表明煤炭资源的过度依赖可能阻碍基础设施建设投入活动；政府干预度指标系数在10%水平下显著为负，表明过度的政府干预对基础设施建设活动产生消极影响；从政府干预度和煤炭资源依赖度指标交乘项系数发现，在10%水平下显著为正，说明在政府适度干预下，适度依赖煤炭资源会对基础设施建设投入活动产生积极影响。

模型（6）报告了政府干预度与煤炭资源依赖度之间的关系。从结果看，煤炭资源依赖度指标系数在1%水平下显著为正（0.624），表明对煤炭资源的过度依赖加大了政府对经济活动的干预力度。这也从一个侧面反映了Ross（2015）认为的自然资源丰富地区比较容易出现腐败、寻租等现象。

模型（7）报告了水资源丰裕度和煤炭资源依赖度之间的关系。从结果看，煤炭资源依赖度指标系数在1%水平下显著为负（-0.613），说明对煤炭资源的过度依赖会对水资源产生"挤出效应"。这也恰好证明了水资源耗费量大的煤炭资源开采活动对水资源缺乏地区经济社会产生的影响。水资源是人类及整个生物界赖以生存的基础，大量开采煤炭资源会通过耗费水资源和污染水资源影响人类及动植物生存需要的水资源。政府干预度指标系数在1%水平下显著为负，表明政府对经济的过多干预会对水资源产生消极影响。政府干预度和煤炭资源依赖度指标交乘项系数在1%的水平下显著为正，说明在政府的适度干预下，对煤炭资源的适度依赖会对水资源丰裕度产生积极影响。这也证明了在政府适度干预下，对煤炭资源适度依赖，在煤炭资源开采过程中加大水资源的循环利用效率，减少水资源的污染，会对水资源丰裕度产生积极影响。

模型（8）报告了土地资源与煤炭资源依赖度和水资源之间的关系。从结果看，煤炭资源依赖度指标系数在10%水平下显著为负，表明对煤炭资源的过度依赖会对土地资源产生消极影响。内蒙古大多数矿产资源分布在平原地区，对煤炭资源的大力开采会破坏草原覆盖面积和粮食播种面积。土地是人类赖以生存的物质基础，一些采矿活动（露天开采）对土地资源产生的破坏是不可逆的（Connor L. H., 2016），对煤炭资源的过度依赖、对煤炭资源的大力开采会影响土地资源利用结构，影响社会经济的持续稳定发展。为了重点分析水资源缺乏的资源型地区煤炭资源开采活动与水资源和土地资源变量的综合作用，本书在模型（8）中加入水资源丰裕度指标和水资源丰裕度与煤炭资源依赖度指标交乘项，探索了煤炭资源开采活动、水资源与土地资源间的相互影响机制。在结果中，水资源丰裕度指标系数在1%的水平下显著为负，说明水资源的丰裕度对粮食播种面积产生了显著的消极影响。本书为了进一步分析煤炭资源过度开采活动通过影响水资源对粮食播种面积产生的影响，在模型中加入了水资源丰裕度和煤炭资源依赖度指标交乘项。

二者交乘项系数,在1%水平下显著为负,表明对煤炭资源的依赖加大了水资源对土地资源产生的消极影响。反映煤炭资源的丰富和水资源的缺乏这种资源结构的不平衡会对农业土地等产生负面影响,从而影响农业产出。内蒙古地区对煤炭资源的过度依赖,对煤炭资源的过度开采行为消耗大量的水资源,这会影响农业用地对水资源的需求,严重的情况下甚至会导致农地荒漠化,减少粮食播种面积。

四 对命题4的实证检验

在分析完上述自然资源作用于经济增长的不同路径之后,接下来本书主要分析自然资源与经济增长的关联效应,来验证本书的命题4。考虑到实证结果的稳健性,本书逐步加入不同的控制变量,观测煤炭资源产业依赖度对经济增长产生的影响,同时分析不同控制变量对经济增长产生的影响。对命题4的实证检验结果如表6-6所示。

表6-6　　　　　　　对命题4的实证检验结果

	(1) g	(2) g	(3) g	(4) g	(5) g	(6) g	(7) g
lgdp	-4.759*** (0.573)	-1.889*** (0.695)	-1.894*** (0.698)	-2.338*** (0.769)	-2.269*** (0.750)	-2.247*** (0.757)	-3.257*** (0.986)
rd	-0.497** (0.225)	-0.387** (0.181)	-0.376** (0.189)	-0.325* (0.194)	-0.337* (0.199)	-0.324* (0.193)	-0.336* (0.198)
fai	0.0492** (0.019)	0.056*** (0.018)	0.057*** (0.018)	0.045** (0.019)	0.047** (0.020)	0.046** (0.020)	0.049** (0.019)
gi	-0.759*** (0.109)	-0.657*** (0.101)	-0.649*** (0.105)	-0.844*** (0.171)	-0.854*** (0.180)	-0.859*** (0.177)	-0.922** (0.177)
hc		3.196*** (0.564)	3.205*** (0.570)	3.029*** (0.624)	3.018*** (0.628)	3.159*** (0.645)	3.101*** (0.638)

续表

	(1) g	(2) g	(3) g	(4) g	(5) g	(6) g	(7) g
$lnwr$			-0.415 (1.105)	-1.207 (1.112)	-1.406 (1.129)	-0.512 (1.118)	-0.957 (1.136)
lr				27.454** (13.251)	27.625** (13.502)	28.340** (13.302)	29.618** (13.187)
se					15.570* (8.866)	18.060** (9.057)	18.830* (9.806)
mi						-0.229 (0.154)	-0.237 (0.156)
ii							-0.143 (0.084)
_cons	80.301*** (7.317)	29.744*** (11.094)	31.231*** (11.372)	40.671*** (13.002)	40.657*** (12.886)	36.737*** (12.968)	48.479*** (15.306)
D_T	N	N	N	N	N	N	N
D_G	Y	Y	Y	Y	Y	Y	Y
N	180	180	180	180	180	180	180
R^2	0.598	0.658	0.658	0.676	0.677	0.652	0.688

注：1. 所有标准误为异方差稳健标准误。
2. *$p<0.1$，**$p<0.05$，***$p<0.01$。

从表6-6中模型（1）可知，煤炭资源依赖度指标在1%水平下显著为负，说明对煤炭资源产业的过度依赖会对经济增长产生消极影响；物质资本指标系数在5%水平下显著为正，说明内蒙古地区经济增长中物质资本投资活动的贡献比较显著；政府干预度指标系数在1%的水平下显著为负，说明政府对经济的过度干预不利于经济增长。

模型（2）中加入了人力资本变量，其系数在1%水平下显著为正，说明人力资本投入的增加有利于地区经济增长。在加入人力资本变量之后，模型中的煤炭资源依赖度指标、物质资本指标和政府干预度指标的系数没有发生太大的改变，并且均显著，说明三个变量对经济增长产生的影响是稳健的。

模型（3）中引入了水资源变量。其系数为显著水平较低的负值，说明水资源缺乏可能对经济增长产生阻滞效应。加入水资源变量之后，我们关注的核心变量煤炭资源依赖度指标系数仍在1%水平下显著为负，可见对煤炭资源的过度依赖会对经济增长产生稳定的阻滞效应。同时，固定资产投资、政府干预度和人力资本变量系数没有发生太大改变，并且分别在1%、5%和1%水平下显著。说明内蒙古经济增长对物质资本投资的依赖性较显著，政府的过度干预阻碍了经济长期发展，人力资本投入的增加有利于经济长期发展。

模型（4）中加入了土地资源变量。其系数在5%水平下显著为正，说明农作物播种面积的增加有利于经济增长。煤炭资源依赖度指标系数在5%水平下显著为负，说明煤炭资源依赖对长期经济增长的不利影响是稳健的。同时模型（3）中已有的其他变量系数没有发生太大改变的同时均显著，说明本书得出的回归结果具有稳健性。

模型（5）中引入了创新能力变量，其系数在10%水平下显著为正，说明增加科学技术活动的投入有利于长期经济增长。同样，煤炭资源依赖度指标系数在10%水平下显著为负，说明煤炭资源的过度依赖对长期经济增长产生不利的影响。

模型（6）中加入了制造业投入变量，从回归结果中发现其系数为显著性水平较低的负值，说明在内蒙古制造业活动并没有对经济增长产生应有的推动作用。可见对煤炭资源的过度依赖容易产生产业结构单一化，削弱其他产业对经济增长的推动作用。同样，命题4所关注的核心变量煤炭资源依赖度指标系数仍在10%水平下显著为负。

模型（7）中引入了基础设施建设投入变量，其系数不显著，说明基础设施建设投入对经济产生的影响不显著。同样命题4中的核心变量煤炭自然资源依赖度指标系数仍显著为负。说明煤炭资源依赖不利于经济长期增长。

总的来看，在检验命题4的实证模型中逐步加入不同解释变量的过程中，煤炭资源依赖度指标系数没有发生太大变化，且均显著为负，说明对煤炭资源产业的过度依赖不利于经济发展，煤炭资源依赖度较高的经济体，其长期经济增长速度较慢，验证了本书的命题4。从物质资本指标系数发现，逐步加入不同控制变量，其系数一直保持显著的正值，说明内蒙古地区经济增长中物质资本投资的贡献非常显著。从政府干预度指标系数发现，在逐步加入不同控制变量的过程中其系数一直显著为负，表明政府的过度干预不利于经济增长。同样，人力资本指标、创新能力指标和土地资源指标系数在逐步加入其他控制变量的过程中系数仍保持显著的正值，说明加大教育投入、引入高新科技和播种面积的增加有利于经济增长。水资源系数在模型（3）—模型（7）中表现为显著水平较低的负值，说明内蒙古水资源与经济增长之间呈负相关关系。而制造业投入活动和基础设施建设活动对经济增长产生的影响不显著，说明制造业没有对内蒙古经济增长发挥应有的推动作用，基础设施建设没有推动经济增长。

第四节　本章小结

本章在第四章内蒙古自然资源约束影响经济增长机制综合考察基础上，针对所提出的4个命题，建立相应实证模型，利用2000—2020年的面板数据，采用固定效应面板模型，验证相关命题。探索内蒙古煤炭资源禀赋优越引起的约束路径；煤炭资源与其他相关自然资源（水资源和土地资源）的综合作用对内蒙古经济增长产生的影响；同时分析对煤炭资源产业的依赖对其他影响经济增长的核心变量产生的"挤出效应"。主要结论如下：

（1）煤炭资源开采活动推动内蒙古短期经济增长的同时对其长期经济增长产生了抑制作用。2003年《意见》的出台加之我国能源政策调整等原因，2003年之后内蒙古煤炭资源开采量急剧上升，实证检验也验证了此种现象。但从2008年开始煤炭资源丰富度指标数据对经济增长的积极影响消失。从长期来看，煤炭资源开采活动对经济增长影响的显著性消失。

（2）值得注意的是，丰富的煤炭资源与水资源和土地资源存在相互影响的机制。本章通过对实证分析发现，煤炭资源开采活动对水资源产生了显著的消极影响，降低了水资源丰裕度；由于农业用地对水资源的需求量比较大，而水资源丰裕度的降低对土地资源产生消极影响，减少粮食耕地面积。而现有文献忽视了这种自然资源综合作用对经济增长的影响路径。本章分析自然资源综合作用对经济产生的影响路径。首先，煤炭资源粗放式的开采对长期经济增长带来了抑制作用；其次，煤炭资源开采活动降低了水资源量，从而对经济产生消极影响；再次，煤炭资源开采活动对土地资源带来消极作用，从而影响了经济增长水平；最后，煤炭资源开采活动引起的水资源量减少导致耕地面积减少，从而影响经济增长。

（3）总体来看，内蒙古地区对煤炭资源产业的过度依赖会对人力资本投资活动、科学技术投资活动、制造业、水资源依赖产业产生"挤出"效应，减弱上述指标对经济增长产生的应有的推动作用，不利于长期经济增长。同时，内蒙古对煤炭资源产业的过度依赖会加强政府对经济的干预度的同时加大资源型地区对物质资本投资的行为，通过物质资本投资实现经济的增长，这种粗放型经济增长模式不利于长期经济发展。此外，内蒙古地区没有积极的集聚外部性和积极的溢出效应，对基础设施等公共投资力度较弱。

（4）在探索资源型地区资源产业依赖行为影响经济增长的不同

路径过程中，本章着重考虑了政府行为对不同路径产生的影响。通过分析发现，政府对经济的过度干预行为会对人力资本投资活动、科学技术投资活动、制造业发展、水资源依赖产业发展产生消极影响。本章在实证分析中引入政府干预度指标与自然资源依赖度指标交乘项，发现在政府适度干预下，对自然资源的适度依赖对人力资本投资活动、科学技术投资活动、制造业发展、水资源依赖产业发展产生显著的积极影响。这也反映了在政府适度干预下，资源型地区需要把资源型收益转向其他生产性资本，发挥自然资源优势，从自然资源中收益，成功避免自然资源诅咒现象，实现经济社会的长期稳定发展。

第七章 主要结论、对策建议与研究展望

第一节 主要结论

本书在现有相关研究文献的基础上，紧紧围绕"自然资源约束对资源型地区经济增长的影响研究"这一研究主题，通过分析自然资源承载力，在评述不同自然资源对经济增长的约束现状基础上，测度自然资源约束对经济增长的"阻力"大小，探索自然资源约束对经济增长的影响路径，寻求经济可持续增长途径。为了全面分析内蒙古自然资源约束现状，本书构建了包含自然资源、生态环境、社会经济和人口发展系统综合评价指标体系，结合熵权法和 TOPSIS 模型，建立熵权 TOPSIS 评价模型，分别测算了煤炭资源、水资源和土地资源以及三种自然资源综合承载力；同时，对部分指标进行承载力预警分析，清晰描绘了自然资源短期约束现状。为了测度自然资源约束对经济增长的"阻力"大小，本书对 Romer（2001）模型进行扩展，在理论机制分析的基础上，实证分析煤炭资源、水资源、土地资源三种自然资源对经济增长的影响程度，并分别测算了三种自然资源的"增长阻力"。为了探究自然资源约束对经济增长的影响路径，本书以煤炭资源为主线，并加以考虑与煤炭资源开采活动密切相关的水资源和土地资源，在已有研究文献的基础上，结合内蒙古实际情况，提出假说命题，并通过实证分析验证相关命

题。总结全书，得出如下主要结论。

本书通过对内蒙古自然资源综合承载力分析及承载力预警分析，得出了以下结论。

（一）煤炭资源承载力从弱变强，总量限制短期约束不明显

从时间维度的总体趋势来看，2000 年至 2020 年，内蒙古煤炭资源综合承载力总体呈现逐渐上升的趋势，从 2000 年的 0.173 上升到 2020 年的 0.760，从承载力较弱转变为承载力较强。内蒙古煤炭资源承载力实际反映了煤炭资源开发利用与生态环境等多种因素对经济发展产生的综合作用，而不是由单方面的煤炭资源产量大小决定。从煤炭资源承载力的提高，也能看出内蒙古在煤炭资源开采过程中对开采技术的升级、开采模式转变以及减少环境污染等诸多方面的努力。

从煤炭资源开采规模与其密切相关的水资源环境和土地资源环境变化趋势中发现，2000—2007 年煤炭资源产量逐年增加，但是由于处在粗放型开采阶段，矿产资源利用效率低下，对资源环境带来的负效用比较大，工业污水排放量等负向指标未见下降趋势，在多个指标的综合影响下，煤炭资源承载力一直在低位徘徊；2008—2012 年内蒙古煤炭资源产量直线上升，到 2012 年时达到了最高点，但是由于部分环境指标也逐年增加，煤炭资源承载力并没有随着煤炭资源产量的直线上升而出现跳跃式的增加，在此期间煤炭资源承载力在（0.2—0.4]，承载力较低。2012 年以后煤炭资源市场低迷以及国家供给侧结构性改革的进行，加之 2014 年内蒙古政府出台了新《意见》，鼓励大型煤炭企业规模化发展，促使企业兼并。2012 年之后内蒙古煤炭资源产量逐年减少，但是煤炭资源承载力出现了上升趋势，煤炭资源对内蒙古经济的贡献较高。可见，煤炭资源开采利用需要兼顾资源环境等综合因素，虽然煤炭资源开采有利于经济发展，但对资源环境带来的负面效应会降低煤炭资源承载能

力；煤炭企业的兼并、小企业关停等活动虽然在一定程度上减少了煤炭资源产量，但是企业规模化发展，提高了资源利用效率和污水处理能力，减少了资源环境的污染，煤炭资源承载力也随之提高。

从煤炭资源综合承载力变化情况来看，除了 2001—2003 年下降外，2002—2006 年承载力在（0.1—0.2］逐年上升，但差别不大，均在 0.2 附近，承载力较弱；2007—2011 年煤炭资源承载力在（0.2—0.4］并逐年上升，在此期间承载力仍然较低；2013—2020 年煤炭资源承载力在 ［0.6—0.8］，其中 2013—2016 年承载力呈下降趋势，下降到 2016 年的 0.669，再从 2017 年逐年上升，到 2020 年时达到最高值 0.76，在此期间煤炭资源承载力比较强。

（二）水资源承载力从弱变强，水资源量紧缺

从时间维度的总体趋势来看，2000—2020 年，内蒙古水资源承载力在波动中提高，逐渐从 2000 年的弱承载力依次经过低承载力和中级承载力水平，到 2016 年进入较高承载力水平，基本具备满足经济社会可持续发展需求的能力。

从水资源综合承载力变化情况来看，2000—2007 年内蒙古水资源承载力均低于 0.2，水资源承载力处于弱承载力水平；2008—2012 年内蒙古水资源承载力评价分值在（0.2—0.4］，表示内蒙古水资源承载力较低；2013—2015 年，水资源承载力处在（0.4—0.6］，表示内蒙古水资源承载力达到中级承载力水平；2016—2020 年，内蒙古水资源承载力在（0.6—0.8］，处在较高的承载力水平。

通过水资源承载力检测预警分析发现，人均水资源占有量指标在大多数年份处在红色预警线以下水平，表示内蒙古人均水资源量严重缺乏，水资源紧缺，成为制约经济社会可持续发展的"瓶颈"；区域用水总量呈上升的趋势，2016—2020 年，用水总量增加，从无风险预警进入黄色预警区间；区域水资源利用效率提高显著，万元

工业耗水从2000年开始逐年下降，到2019年时下降到橙色预警区间，表示内蒙古工业用水效率的大幅提高；水功能区水质达标率指标因数据可获性，分析了2007—2016年的变化趋势，其中6年数据处在红色预警区间，6年数据处在橙色预警区间，表示内蒙古水资源污染严重，但从总体趋势来看，随着时间的推移水污染情况有所改善。

总体来讲，内蒙古自治区水资源短缺、水污染严重、水环境恶化等问题突出，已成为制约经济社会可持续发展的主要问题。

（三）土地资源承载力从较低水平向较高水平转变

从时间维度总体趋势来看，2000—2020年土地资源承载力评价分值变化区间为0.307—0.797，从低承载力转变为较高承载力。

从土地资源综合承载力变化趋势来看，2000—2010年内蒙古土地资源承载力评价分值大多在0.2—0.4，内蒙古土地资源承载力处于较低的水平；2011年以来土地资源承载力逐渐提高，2011—2014年土地资源承载力在0.4—0.6，处于中等水平，2015—2020年土地资源承载力在0.6—0.8，处在较高水平。总体来讲，内蒙古土地资源承载力逐渐提高。

通过土地资源承载力检测预警分析发现，无论是人均耕地面积还是城市人均建设用地面积均未出现预警风险，由于内蒙古地域辽阔，人均土地面积较大，在短期内土地资源总量限制并不会对经济增长带来约束作用；从变化趋势看，城市人均建设用地呈逐年增加现象，在城镇化发展过程中需要合理分配土地资源城乡投入，在满足农业安全生产需求的基础上实现城市土地利用效率最大化；从2000—2016年生态用地面积占比趋势图来看，内蒙古生态用地面积呈先降后升趋势，2018—2020年，从黄色预警区间逐渐向橙色预警区间靠近，反映内蒙古生态环境逐渐恶化的趋势从2018年开始扭转，近几年得到了修复和改善，但仍处在黄色预警区间内。

（四）煤炭资源、水资源、土地资源结构影响三种自然资源综合承载力

从三种自然资源综合承载力与单个资源承载力对比分析发现：首先，从2000—2020年整体趋势来看，三种自然资源承载力均呈现上升趋势，说明在内蒙古经济发展过程中不同自然资源对经济增长的贡献逐渐提高。其次，从自然资源间相互作用来看，2000—2012年内蒙古煤炭资源和水资源承载力虽然低下，但是由于土地资源承载力相对煤炭资源和水资源较高，所以在三种自然资源综合影响下，2000—2012年三种自然资源综合承载力水平比煤炭资源承载力水平要高，即土地资源承载力拉高了资源综合承载力；2013—2020年，虽然煤炭资源承载力首先急剧上升其后呈下降趋势，但是由于水资源和土地资源承载力相对提高得较快，尤其是水资源承载力从2000—2012年的最低变为2016—2018年的最高，在三种力量的综合作用下，2013—2020年综合承载力在波动中提升，逐渐提升到较高水平。

本书对Romer（2001）模型进行了扩展，在对其假设进行修正的基础上，建立固定效应模型，实证研究了内蒙古煤炭资源、水资源、土地资源对经济增长的影响，并测算了三种自然资源限制"增长阻力"，得到的结论如下。

（1）煤炭资源总量限制对内蒙古经济增长的影响

本书以2000—2020年时间序列数据为研究样本，实证分析内蒙古煤炭资源对经济增长的影响发现，煤炭资源消耗量每增加1%，经济增长0.357%。煤炭资源限制对内蒙古经济增长产生的"增长阻力"为0.0069。即内蒙古经济增长速度由于煤炭资源限制，每年要降低0.69个百分点。内蒙古煤炭资源虽然丰富，但作为可耗竭资源，在经济可持续增长过程中，其供给量递减。在不及时转变粗放型开采模式的情况下，煤炭资源消耗速度更快，煤炭资源对经济增长的"阻力"作用会更大。

（2）水资源总量限制对内蒙古经济增长的影响

本书以 2000—2020 年时间序列数据作为研究样本，分析内蒙古水资源对经济增长的影响，并测算了水资源限制对内蒙古经济增长产生的"增长阻力"。研究发现，内蒙古水资源消耗每增加 1%，经济将增长 0.125%。在回归结果基础上，利用式（5-20）计算水资源限制"增长阻力"为 0.00074。根据分析，内蒙古经济增长速度由于水资源限制，每年要降低 0.074 个百分点。这说明，内蒙古经济增长率由于水资源限制产生的"阻力"影响每年都在上一年增长率的基础上下降 0.074%。与煤炭资源增长阻力相比，内蒙古水资源增长阻力较大，也反映了内蒙古水资源严重短缺的客观现象。

（3）土地资源总量限制对内蒙古经济增长的影响

本书分别以 2002—2006 年和 2005—2014 年内蒙古各盟市面板数据为研究样本，对实证模型进行回归，得出农业部门和非农业部门土地产出弹性和资本产出弹性，并利用 2000—2020 年内蒙古城乡土地和劳动力变化情况，分别测算了土地资源限制对乡村地区和城镇地区经济增长产生的"增长阻力"，分析土地资源对内蒙古城乡经济增长产生的影响。研究发现，内蒙古农业部门土地资源每增加 1%，其经济将会增加 0.27%，土地资源限制对内蒙古农业部门经济产生的增长阻力为 0.0019；内蒙古非农业部门土地每增加 1%，其经济将会增长 0.56%，土地资源限制对内蒙古非农业部门经济的增长阻力为 0.025。

内蒙古土地资源对非农业部门经济增长的阻力大于农业部门的"增长阻力"。导致这种差别的原因可能在于虽然城镇化过程中土地资源不断从"乡村地区"转向"城镇地区"，但与此同时，农村地区人口也不断转向城镇地区。

本书基于自然资源影响经济增长的不同传导路径，探讨了内蒙古依赖丰富的煤炭资源行为对短期和长期经济增长带来的影响；煤炭资源与其他相关自然资源（水资源和土地资源）的相互作用对内蒙古经济增长产生的影响；同时分析导致自然资源诅咒现象的原因，即分析煤炭资源产业的依赖对其他影响经济增长的核心变量产生的"挤出效应"。主要结论如下。

（1）煤炭资源开采活动推动了内蒙古短期经济增长

内蒙古于 2003 年出台支持重点煤炭企业发展政策，加之我国能源政策调整等原因，2003 年之后内蒙古煤炭资源开采量急剧上升。通过逐步增加样本年份分析发现，自然资源开采对经济增长的影响在《意见》出台的 2003 年到 2007 年的 5 年里均表现为显著的积极影响，而逐步加入 2008—2011 年数据时均表现为不显著。很多经济研究中，考虑短期经济影响，通常以 5 年作为一个周期，一般 3—5 年视为短期。表 6 - 2 中模型（4）考察的年份为 2000—2008 年，恰好是 2003 年《意见》出台，煤炭资源大力开采后的第 5 年，煤炭资源开采活动对经济增长影响的显著性消失。

（2）丰富的煤炭资源与水资源和土地资源存在相互影响的机制

首先，由于内蒙古煤炭资源丰富而出现的煤炭资源依赖现象对水资源以及水资源环境产生了消极影响。从回归结果发现，煤炭资源依赖度每增加 1%，水资源将会减少 0.613%。其次，煤炭资源依赖现象对土地资源产生了显著的消极影响。从回归结果发现，煤炭资源依赖度增加 1%，土地资源将减少 0.020%。最后，煤炭资源依赖加大了水资源对土地资源产生的消极影响。可见，煤炭资源开采活动不仅对经济增长产生直接的影响，而且通过作用于其他相关自然资源来影响经济增长。

（3）煤炭资源依赖容易吸收和控制经济增长要素，对相关活动产生"挤出"效应

总体来看，内蒙古地区对煤炭资源的过度依赖会对人力资本投

资活动、科学技术投资活动、制造业、水资源依赖产业产生"挤出"效应，减弱上述指标对经济增长产生的应有的推动作用，不利于长期经济增长。同时，内蒙古对煤炭资源的过度依赖在加强政府对经济干预度的同时，加大资源型地区对物质资本投资的行为。通过物质资本投资实现经济的增长，这种粗放型经济增长模式不利于长期经济发展。此外，内蒙古地区没有积极的集聚外部性和积极的溢出效应，对基础设施等公共投资力度较弱。

（4）政府适度干预可以调节煤炭资源依赖现象

在探索资源型地区资源产业依赖行为影响经济增长的不同路径的过程中，本书着重考虑了政府行为对不同路径产生的影响。通过分析发现，政府对经济的过度干预行为会对人力资本投资活动、科学技术投资活动、制造业发展、水资源依赖产业发展产生消极影响。本书在实证分析中引入政府干预度指标与自然资源依赖度指标交乘项，发现在政府适度干预下，对自然资源的适度依赖会对人力资本投资活动、科学技术投资活动、制造业发展、水资源依赖产业发展产生显著的积极影响。这也反映了在政府适度干预下，资源型地区需要把资源型收益转向其他生产性资本，发挥自然资源优势，从自然资源中受益，成功避免自然资源诅咒现象，实现经济社会的长期稳定发展。

第二节　对策建议

自然资源是社会经济赖以发展的物质基础，是人们生活的环境条件，又是社会生产活动的基本生产要素。自然资源的丰裕程度和结构特征，在很大程度上影响一个地区产业结构和经济增长方式。一个地区自然资源开发利用状况通常与一个地区经济发展水平相对应：在经济相对落后的条件下，自然资源的开发利用是粗放型的；

自然资源与经济增长的关系表现为通过自然资源开发量的增加来推动经济快速增长；经济增长方式表现为对资源的严重依赖。结合本书自然资源约束对经济增长的影响分析，为了缓解内蒙古经济可持续发展系统中的自然资源约束状况，本书提出了以下对策建议。

一 科学合理利用和开发资源，减少资源浪费

（一）科学合理利用和开发水资源，解决水资源约束问题

由自然资源约束现状分析发现，内蒙古水资源缺乏，水污染严重，水环境恶化等问题突出，已成为制约经济社会可持续发展的主要瓶颈。为了解决水资源短缺问题，首先，需要加强节约用水管理、科学合理利用水资源；其次，开发利用再生水资源，积极开发低质水，提高水资源利用效率；再次，保护水资源环境；最后，建设水利工程，引入跨流域水资源，保障和促进经济社会可持续发展。

在加强节约用水管理、科学合理利用水资源方面，首先，建立健全节约用水社会化服务体系，支持节约用水技术的研究和推广，培育和 发展节水产业。其次，有关部门根据区域经济技术条件、水资源分配方案以及行业用水定额，制订年度用水计划，对该区域内的年度用水量实行总量控制。同时，用水实行计量收费制度，居民生活用水实行阶梯式水价制度，非居民生活用水实行超计划、超定额累进加价制度。最后，提高降水资源利用率，开发地下水库等，把雨洪水用于回灌地下水。

开发利用再生水资源方面，水资源循环利用是缓解水资源紧缺的合理且切实可行的主要途径。鼓励对再生水、矿区疏干水、施工降排水等非常规水源的开发和利用。能源开采（石油、煤炭、天然气）、能源转换（精炼和加工）、运输和发电等不同环节都会用到水资源。工业用水量的很大一部分来自占中国能源系统主导地位的

煤炭行业。据统计，超过一半的工业用水被用于煤矿开采和选矿、燃煤发电和煤化工（中国国家统计局，2009）。工业企业应当采取循环用水、分质用水以及废污水处理回用等措施，降低用水单耗，提高水的重复利用率，减少废污水排放量。

在保护水资源环境方面，开发利用地下水时，应当做好不同含水层的止水措施，不得多层混合开采。开采矿产资源、建筑施工等对含水层有影响的生产活动，应当采取保护和补救措施，减小对地下水的破坏。同时，工业企业提高污水处理能力，减少对水资源的污染。

在建设水利工程方面，因引水工程量大、工期长、成本高等原因，需要多个相关部门积极配合、多措并举，加快水利工程建设进度，解决区域城镇生活、工业缺水等问题，促进地区经济社会可持续发展。

（二）优化土地资源利用结构，实现土地利用效率最大化

由土地资源总量限制对内蒙古经济增长的影响研究发现，由于城乡土地资源利用结构的变化，土地资源限制对乡村地区经济产生的阻力大于城镇地区，并且对城镇地区的增长阻力为负值。随着城镇化的推进，土地要素投入逐渐向城镇地区倾斜，使得城镇土地增长率大于城镇劳动力增长率。在土地资源有限的条件下区域经济的可持续发展必须兼顾城乡之间的协调发展，谨慎选择土地资源在城乡之间分配的平衡点。同时，提高土地资源利用效率，集约化利用土地，在保障农产品安全的资源需求基础上最大化满足城镇地区日益增加的土地资源需求。

二 提高技术创新能力，提高自然资源利用效率

由第五章分析可知，内蒙古虽然煤炭资源丰富，但是由于煤炭资源是可耗竭资源，在长期经济发展过程中，煤炭资源投入率不可

能随着人口增长率而同比例增长，从而对经济增长有长期的潜在约束。同样，水资源和土地资源总量限制均对经济增长带来长期潜在约束。首先，从资源供给角度看，通过提高技术创新能力，提高要素的技术含量，提高资源深加工能力，开发资源开采新模式，生产高附加值产品。其次，从资源需求角度看，通过提高技术创新能力，实现自然资源节约型技术变迁。根据系统资源约束理论，经济系统产出受资源支撑而呈现递增效应，到达逻辑蒂克拐点后遭受系统资源约束增强而呈现收益递减；科技创新、专业分工、组织重组、资源重构及外部资源输入促使经济体突破原有系统约束得到进一步增长，同时将遭受更高层次的约束；科技创新将提高资源利用效率，改变资源利用组合，发现新资源、替代资源或资源的潜在用途，进而改变系统中资源分配及其稀缺或富裕状态，引致约束迁移，改变约束类型及约束机制。最后，从资源环境角度，在工业化发展进程中，引进先进技术，提高自然资源利用效率，减少资源环境污染才能减少自然资源约束对经济社会可持续发展的制约作用。

三 产业多样化发展，避免资源产业依赖

由第六章分析发现，由于内蒙古煤炭资源丰富而出现煤炭资源产业依赖现象，出现产业结构不协调问题，从而对其他影响经济的核心变量产生"挤出效应"，出现长期经济增长缓慢的现象。为了避免出现资源产业依赖现象，加大支持煤炭产业上下游企业融合发展，形成产业集群，延长产业链，实现产业多样化发展。

煤炭资源开采活动与水资源和土地资源密切相关。煤矿开采带来的环境挑战应该包括煤矿事故、地面沉降、水环境破坏、矿山垃圾处理和空气污染（Zhengfu, B., etal., 2010）。煤炭资源的过度开采活动在大量消耗费水资源的同时对水资源造成严重污染。而内蒙古是一个水资源比较缺乏的地区，如果不重视煤炭资源开采活动

对水资源的浪费和污染行为，这种资源结构不平衡问题会对经济增长产生抑制作用。

四 制度创新，合理分配"资源红利"

（一）建立相关公共政策、加大投资基础设施建设

从实证分析发现，自然资源依赖度没有对基础设施投资产生显著的影响。如果建立相关公共政策，把地方收入转化为地方公共产品投资，提供一个积极溢出效应渠道，就能够实现地方繁荣的可持续性。Michaels（2011）调查了美国南部的县，比较石油丰富的县和石油稀缺的县的长期经济发展，发现石油丰富地区的基础设施投资一直较高，这可能导致了积极的集聚外部性，并能解释对农业部门的积极溢出效应。而欠发达地区缺乏这种公共政策。

（二）建立资源收益分配机制

内蒙古地区可以建立合理的资源收益分配机制，实现资源型收益的合理分配，增强可支配财力，将资源开发获得的收益投资于非资源部门（如证券行业），实现自然资本向其他形态资本的转化，实现地区经济多样化发展。

五 政府适度干预经济

实证分析发现在政府适度干预下，对自然资源的适度依赖对教育投入、科学技术投入、制造业发展、水资源和土地资源等产生显著的积极影响。这也反映了在政府适度干预下，资源型地区需要把资源型收益转向其他生产性资本，发挥自然资源优势，从自然资源中收益，成功避免自然资源诅咒现象，实现经济社会的长期稳定发展。

资源丰富地区政府适度干预经济，建立良好的政策制度、优化制度环境、建立有效市场体系，使生产要素在不同产业间自由流

动。资源收益的转化和产业多样化发展都离不开政府对市场经济的适度调节作用。

第三节　研究展望

本书的研究仍存在不足，后续的研究仍有很大空间。

首先，在测算不同自然资源约束对经济增长的阻力时，对 Romer（2001）模型进行扩展，放松 Cobb-Douglas 生产函数假设条件，构建与现实情况更符合的理论模型是值得探索的方向。

其次，在第六章构建多元线性回归模型，分析资源约束对经济增长的影响时，可能存在遗漏因素。由于经济增长的影响因素众多，本书在梳理已有研究文献基础上主要考虑了技术创新能力、物质资本投资、煤炭资源、水资源、土地资源、资源依赖度、制造业投入、基础设施建设水平、政府干预度等因素。在后续研究中进一步考虑可能存在的遗漏变量问题。

最后，在经济全球化趋势下，某经济体的经济增长受本地自然资源的制约有所减弱。对资源型地区来说，理论上可以通过国际市场获得不可再生的自然资源。在讨论自然资源对本地经济增长影响的问题上应考虑对外开放的因素。当然，在战略性自然资源获取上要充分考虑国际政治、经济风险，尤其在经济全球化进程出现波折的情况下，要立足国内资源的充分勘探、开采和利用。

主要参考文献

卜善祥、孟旭光：《我国矿产资源形势分析与研究》，《中国矿业》1999年第1期。

岑树田、李晔：《土地利用结构变化与中国经济增长：模型及应用》，《南方经济》2013年第4期。

陈百明等：《中国土地资源生产能力及人口承载量研究》，中国人民大学出版社1991年版。

陈百明：《中国农业资源综合生产能力与人口承载能力》，气象出版社2001年版。

崔凤军：《环境承载力论初探》，《中国人口资源与环境》1995年第1期。

崔云：《中国经济增长中土地资源的"尾效"分析》，《经济理论与经济管理》2007年第11期。

戴维·罗默：《高级宏观经济学》（第2版），上海财经大学出版社2003年版。

邓伟：《山区资源环境承载力研究现状与关键问题》，《地理研究》2010年第6期。

樊杰、王亚飞、汤青、周侃：《全国资源环境承载能力监测预警（2014版）学术思路与总体技术流程》，《地理科学》2015年第1期。

樊杰、周成虎、顾行发、邓伟、张兵等：《国家汶川地震灾后重建规划资源环境承载力评价》,科学出版社 2009 年版。

封志明、李鹏:《承载力概念的起源与发展:基于资源环境视角的讨论》,《自然资源学报》2018 年第 9 期。

封志明、杨艳昭、江东等:《自然资源资产负债表编制与资源环境承载力评价》,《生态学报》2016 年第 22 期。

封志明、杨艳昭、闫慧敏等:《百年来的资源环境承载力研究:从理论到实践》,《资源科学》2017 年第 3 期。

封志明、杨艳昭、游珍:《中国人口分布的水资源限制性与限制度研究》,《自然资源学报》2014 年第 10 期。

封志明、杨艳昭、张晶:《中国基于人粮关系的土地资源承载力研究:从分县到全国》,《自然资源学报》2008 年第 5 期。

高洁等:《西藏自治区水土资源承载力监测预警研究》,《资源科学》2018 年第 6 期。

葛扬、何婷婷:《长三角经济发展中土地资源的增长阻力分析》,《学海》2010 年第 4 期。

郭志伟:《北京市土地资源承载力综合评价研究》,《城市发展研究》2008 年第 5 期。

国务院:《关于建立资源环境承载力监测预警长效机制的若干意见》,http://www.gov.cn/zhengce/2017-09/20/content_5226466.htm。

侯华丽:《矿产资源承载力研究现状及展望》,《资源·环境·和谐社会——中国地质矿产经济学会 2007 年学术年会论文集》2007 年。

胡永泰:《中国全要素生产率:来自农业部门劳动力再配置的首要作用》,《经济研究》1998 年第 3 期。

胡援成、肖德勇:《经济发展门槛与自然资源诅咒——基于我国省际层面的面板数据实证研究》,《管理世界》2007 年第 4 期。

黄宇驰、苏敬华、吕峰：《基于 SEP 模型的土地资源承载力评价方法研究——以上海市闵行区为例》，《中国人口资源与环境》2017 年第 1 季。

惠丽、鲁小珍、张大勇等：《基于生态足迹法县级区域可持续发展趋势探讨》，《中国人口资源与环境》2010 年第 1 季。

焦雯君、闵庆文、李文华等：《基于 ESEF 的水生态承载力：理论、模型与应用》，《应用生态学报》2015 年第 4 期。

雷勋平、邱广华：《基于熵权 TOPSIS 模型的区域资源环境承载力评价实证研究》，《环境科学学报》2016 年第 1 期。

李灿、奉婷：《基于熵权 TOPSIS 模型的土地利用绩效评价及关联分析》，《农业工程学报》2013 年第 5 期。

李丰军、翁克瑞、诸克军、柯小玲等：《煤矿水害风险评价与防治决策系统研究》，中国地质大学出版社 2012 年版。

李开孟、张小利：《投资项目资源开发利用及分析评价》，中国电力出版社 2010 年版。

李梅：《中国企业跨国并购绩效的实证研究》，武汉大学出版社 2010 年版。

李敏、吕义清：《太原市煤炭资源承载力评价》，《中国矿业》2018 年第 S1 期。

李涛：《资源约束下中国碳减排与经济增长的双赢绩效研究》，《经济学》（季刊）2013 年。

李晓、李述山：《能源约束对经济增长的"尾效"研究——以上海市为例》，《煤炭经济研究》2015 年第 4 期。

李影：《中国区域经济增长的能源约束研究》，《统计与决策》2015 年第 17 期。

刘佳骏、董锁成、李泽红：《中国水资源承载力综合评价研究》，《自然资源学报》2011 年第 2 期。

刘蕾：《区域资源环境承载力评价与国土规划开发战略选择研究——以皖江城市带为例》，人民出版社2013年版。

刘明、高林：《基于城镇化科学发展的京津冀区域土地资源承载力研究》，《城市发展研究》2015年第4期。

刘晓丽、方创琳：《城市群资源环境承载力研究进展及展望》，《地理科学进展》2008年第5期。

刘雪飞：《循环经济学》，中国大地出版社2009年版。

刘耀彬、陈斐：《中国城市化进程中的资源消耗"尾效"分析》，《中国工业经济》2007年第11期。

龙腾锐、姜文超、何强：《水资源承载力内涵的新认识》，《水利学报》2004年第1期。

罗黎平：《基于土地虚拟增长的土地资源增长尾效模型研究》，《求索》2011年第2期。

马歇尔：《经济学原理》（上卷），商务印书馆1981年版。

内蒙古自治区水利厅：《关于实行最严格水资源管理制度的实施意见》，2014年。

内蒙古自治区水利厅：《2017年内蒙古自治区水资源公报》，2018年。

宁佳、刘纪远、邵全琴等：《中国西部地区环境承载力多情景模拟分析》，《中国人口·资源与环境》2014年第11期。

戚春林：《热带农业生态学》，中国农业出版社2008年版。

齐亚彬：《国土资源承载力定量综合评价研究——以天津为例》，《中国国土资源经济》2004年第6期。

任美锷：《四川省农作物生产力的地理分布》，《地理学报》1950年第1期。

邵帅、范美婷、杨莉莉：《资源依赖产业如何影响经济发展效率？——有条件资源诅咒假说的检验及解释》，《管理世界》2013年第 2 期。

邵帅、齐中英：《西部地区的能源开发与经济增长——基于"资源诅咒"假说的实证分析》，《经济研究》2008 年第 4 期。

邵帅、杨莉莉：《自然资源丰富、资源产业依赖与中国区域经济增长》，《管理世界》2010 年第 9 期。

邵帅、杨莉莉：《自然资源开发、内生技术进步与区域经济增长》，《经济研究》2011 年第 2 期。

沈坤荣、李影：《中国经济增长的能源尾效分析》，《产业经济研究》2010 年第 2 期。

施雅风、曲耀光：《乌鲁木齐河流域水资源承载力及其合理利用》，科学出版社 1992 年版。

宋瑛、陈纪平：《政府主导、市场分割与资源诅咒——中国自然资源禀赋对经济增长作用研究》，《中国人口资源与环境》2014 年第 9 期。

孙永平、叶初升：《资源依赖、地理区位与城市经济增长》，《当代经济科学》2011 年第 1 期。

汤奇成、张捷斌：《西北干旱地区水资源与生态环境保护》，《地理科学进展》2001 年第 3 期。

王国丰：《中国粮食综合安全体系研究》，中国经济出版社 2009 年版。

王慧敏、陈蓉、许叶军等：《最严格水资源管理过程中政府职能转变的困境及途径研究》，《河海大学学报》（哲学社会科学版）2015 年第 4 期。

王家庭：《中国区域经济增长中的土地资源尾效研究》，《经济地理》2010 年第 12 期。

王书华、曹静：《土地综合承载力评判指标体系的构建及应用》，《河北师范大学学报》2001 年第 1 期。

王小鲁、樊纲:《中国经济增长的可持续性:跨世纪的回顾与展望》,经济科学出版社 2000 年版。

王学军:《地理环境人口承载潜力及其区际差异》,《地理科学》1992 年第 4 期。

文传浩、程莉、张桂君、夏宇等:《经济学研究方法论:理论与实务》,重庆大学出版社 2015 年版。

吴次芳:《土地资源调查与评价》,中国农业出版社 2008 年版。

吴郭泉:《广西百色岩溶地区可持续自然资源开发利用研究》,中国林业出版社 2007 年版。

夏军、朱一中:《水资源安全的度量:水资源承载力的研究与挑战》,《自然资源学报》2002 年第 3 期。

夏征农、陈至立:《辞海》(第六版),上海辞书出版社 2010 年版。

谢书玲、王铮、薛俊波:《中国经济发展中水土资源的"增长尾效"分析》,《管理世界》2005 年第 7 期。

熊鹰、杨雪白:《城市山岳型旅游地旅游资源空间承载力分析——以岳麓山风景区为例》,《中国人口·资源与环境》2014 年第 3 期。

胥学跃等:《统计学基础》第 2 版,北京邮电大学出版社 2014 年版。

徐长乐、马学新:《长江三角洲发展报告:2010 区域发展态势和新思路》,上海人民出版社 2011 年版。

徐康宁、王剑:《自然资源丰裕程度与经济发展水平关系的研究》,《经济研究》2006 年第 1 期。

薛俊波等:《增长"尾效"、要素贡献率及资源冗余——基于农业的分析》,《技术经济》2017 年第 11 期。

薛俊波、王铮、朱建武等:《中国经济增长的"尾效"分析》,

《财经研究》2004 年第 9 期。

杨杨、吴次芳、罗罡辉等:《中国水土资源对经济的"增长阻尼"研究》,《经济地理》2007 年第 4 期。

杨杨、吴次芳、韦仕川等:《土地资源对中国经济的"增长阻尼"研究——基于改进的二级 CES 生产函数》,《中国土地科学》2010 年第 5 期。

殷克东:《经济管理系统分析技术方法论》,经济科学出版社 2009 年版。

岳利萍、吴振磊、白永秀:《中国资源富集地区资源禀赋影响经济增长的机制研究》,《中国人口资源与环境》2011 年第 10 期。

张恒全、张陈俊、张万力:《水资源约束与中国经济增长——基于水资源"阻力"的计量检验》,《产业经济研究》2016 年第 4 期。

张军、金煜:《中国的金融深化和生产率关系的再检测：1987—2001》,《经济研究》2005 年第 11 期。

张军、吴桂英、张吉鹏:《中国省际物质资本存量估算：1952—2000》,《经济研究》2004 年第 10 期。

张利平、夏军、胡志芳:《中国水资源状况与水资源安全问题分析》,《长江流域资源与环境》2009 年第 2 期。

赵强、李秀梅、高倩等:《基于模糊综合评判的山东省水资源承载力评价》,《生态科学》2018 年第 4 期。

赵英军:《新编西方经济学教程》,浙江工商大学出版社 2010 年版。

郑振源:《中国土地的人口承载潜力研究》,《中国土地科学》1996 年第 5 期。

郑振源:《中国土地的人口承载潜力研究》,《中国土地科学》1996 年第 4 期。

中国国家统计局：《中国统计年鉴 2009》，中国统计出版社2009年版。

中国土地资源生产能力及人口承载量研究课题组：《中国土地资源生产能力及人口承载量研究》，中国人民大学出版社1991年版。

钟若愚：《基于物质流分析的中国资源生产率研究》，中国经济出版社2009年版。

朱一中、夏军、谈戈：《关于水资源承载力理论与方法的研究》，《地理科学进展》2002年第2期。

Allan, W., *Studies in African Land Usage in Northern Rhodesia*, Cape Town: Oxford University Press, 1949.

Allcott, H., Keniston D., "Dutch Disease or Agglomeration? The Local Economic Effects of Natural Resource Booms in Modern America", *The Review of Economic Studies*, 2017, 2.

Apergis, N., Payne, J. E., "The Oil Curse, Institutional Quality, and Growth in MENA Countries: Evidence from Time-varying Cointegration", *Energy Economics*, 2014.

Atkinson, G., Hamilton, K., Savings, Growth and the Resource curse Hypothesis, *World Development*, 2003, 11.

Auty Richard, Raymond Mikesell, *Sustainable Development in Mineral Economies*, Oxford University Press, 1998.

Auty, R. M., Patterns of Rent Extraction and Deployment in Developing Countries: Implications for Governance, Economic Policy and Performance, *Palgrave Macmillan*, 2007.

Auty, R. M., Sustaining Development in Mineral Economies: The Resource Curse Thesis, *Routledge Press*, 1993.

Auty, R. M., The Political Economy of Resource-driven Growth,

European Economic Review, 2001, 45.

Barrett, G. W. , Odum, E. P. , The Twenty-first Century: The World at Carrying Capacity, *Bio Science*, 2000, 50.

Beck, T. , Finance and Oil: Is There a Resource Curse in Financial Development?, *Eur. Bank. Cent. Discuss. Pap*, 2011.

Bernard, F. E. , Thom, D. J. , *Population Pressure and Human carrying Capacity in Selected Locations of Machakos and Kitui Districts*, *Journal of Developing Areas*, 1981, 15.

Bhattacharyya, S. , Hodler, R. , Natural Resources, Democracy and Corruption, *European Economic Review*, 2010, 54.

Blanco, L. , Grier, R. , Natural Resource Dependence and the Accumulation of Physical and Human Capital in Latin America, *Resources Policy*, 2012, 37.

Boos, A. , Holm-Müller, K. , The Relationship between the Resource Curse and Genuine Savings: Empirical Evidence, *Journal of Sustainable Development*, 2013, 6.

Boschini, A. , Pettersso, J. , Roine, J. , The Resource Curse and its Potential Reversal, *World Development*, 2013, 43.

BP p. l. c, *BP Statistical Review of World Energy*, London: BP p. l. c, 2016.

Brunnschweiler, C. N. , Bulte, E. H. , The Resource Curse Revisited and Revised: A Tale of Paradoxes and Red Herrings, *Journal of environmental economics and management*, 2008, 55.

Carrington, W. J. , The Alaskan Labor Market During the Pipeline era, *Journal of Political Economy*, 1996, 104.

Cavalcanti, T. V. V. , Mohaddes, K. , Raissi, M. , Growth, Development and Natural Resources: New Evidence Using a Heterogeneous Panel

Analysis, *The Quarterly Review of Economics and Finance*, 2011, 51.

Collier, P., The Political Economy of Natural Resources, *Social Research*, 2010, 77.

Connor, L. H., Energy Futures, State Planning Policies and Coal mine Contests in Rural New South Wales, *Energy Policy*, 2016, 99.

Dietz, S., Neumayer, E., De Soysa, I., Corruption, the Resource Curse and Genuine Saving, *Environment and Development Economics*, 2007, 12.

Dinkelman, T., The Effects of Rural Eelectrification on Employment: New evidence from South Africa, *American Economic Review*, 2011, 101.

Goswami, S., Impact of Coal Mining on Environment, *European Researcher. Series A.*, 2015, 3.

Gylfason, T., Herbertsson, T. T., Zoega, G., A Mixed Blessing: Natural Resources and Economic Growth, *Macroeconomic Dynamics*, 1999, 3 (2).

Gylfason Thorvaldur, Tryggvi Herbertsson, Gylfi Zoega, A Mixed Blessing: Natural Resources and Economic Growth, *Macroeconomic Dynamics*, 1999, 3.

Gylfason, T., *Natural Resources, Education, and Economic Development*, European Economic Review, 2001, 45 (4–6).

Gylfason, T., Zoega, G., Natural Resources and Economic Growth: The Role of Investment, *World Economy*, 2006, 29 (8).

Gylfason, T., Zoega, G., Natural Resources and Economic Growth: The Role of Investment, *World Economy*, 2010, 29 (8).

Habakkuk, H. J., *American and British Technology in the Nineteenth Century*, Cambridge University Press, 1962.

Haber, S., Menaldo, V., Do Natural Resources Fuel Authoritarianism? A Reappraisal of the Resource Curse, *American Political Science Review*, 2011, 105 (1).

Hadwen, I. A. S., Palmer, L. J., *Reindeer in Alaska*, Washington: Government Printing Office, 1922.

Hadwen, I. A. S., Palmer, L. J., *Reindeer in Alaska*, Washington: US Department of Agriculture, 1922.

Hailu, A., Veeman, T. S., Non-parametric Productivity Analysis with Undesirable Outputs: an Application to the Canadian Pulp and Paper industry, *American Journal of Agricultural Economics*, 2001, 83 (3).

Harding, T., Venables, A. J., *The Implications of Natural Resource Exports for Non-resource Trade*, *IMF Economic Review*, 2016, 64 (2).

Ismail, K., The Structural Manifestation of the Dutch Disease': The Case of Oil Exporting Countries, *International Monetary Fund*, 2010.

Kim, D. H., Lin, S. C., Natural Resources and Economic Development: New Panel Evidence, *Environmental and Resource Economics*, 2017, 66 (2).

Kopiński, D., Polus, A., Tycholiz, W., Resource Curse or Resource disease? Oil in Ghana, *African Affairs*, 2013, 112 (449).

Krugman, P., The Narrow Moving Band, the Dutch Disease, and the Competitive Consequences of Mrs. Thatcher: Notes on Trade in the Presence of Dynamic Scale Economies, *Journal of development Economics*, 1987, 27 (1-2).

Li, L., Lei, Y., Pan, D., Economic and Environmental evaluation of Coal Production in China and Policy Implications, *Natural Hazards*, 2015, 77 (2).

Lowe, M., *Rail Revival in Africa? The Impact of Privatization*,

Joint RES-SPR Conference on Macroeconomic Challenges Facing Low-Income Countries: New Perspectives, 2014.

Matsuyama, K., Agricultural Productivity, Comparative Advantage, and Economic Growth, *Journal of economic theory*, 1992, 58 (2).

Mavrotas, G., Murshed, S. M., Torres, S., Natural Resource Dependence and Economic Performance in the 1970—2000 Period, *Review of Development Economics*, 2011, 15 (1).

Meadows, D. H., Meadows, D. L., Randers, J., et al., *The limits to Growth: a Report for the Club of Rome's Project on the Predicament of Mankind*, New York: Universe Books, 1972.

Measham, T. G., Haslam Mckenzie, F., Moffat, K., et al., An expanded role for the mining sector in Australian society?, *Rural Society*, 2013, 22 (2).

Mehlum, H., Moene, K., Torvik, R., Institutions and the Resource Curse, *The Economic Journal*, 2006, 116 (508).

Michaels, G., The Effect of Trade on the Demand for Skill: Evidence from the Interstate Highway System, *The Review of Economics and Statistics*, 2008, 90 (4).

Michaels, G., The Long Term Consequences of Resource—based Specialization, *The Economic Journal*, 2011, 121 (551).

Nabli, M. M. K., Arezki, M. R., Natural Resources, Volatility, and Inclusive Growth: Perspectives from the Middle East and North Africa, *International Monetary Fund*, 2012.

Nordhaus, W. D., Stavins, R. N., Weitzman, M. L., Lethal model 2: the Limits to Growth Revisited, *Brookings Papers on Economic Activity*, 1992 (2).

Owen, O. S., Natural Resource Conservation: An Ecological Approach, *Macmillan*, 1985.

Papyrakis, E., Gerlagh, R., *Resource Abundance and Economic Growth in the United States*, *European Economic Review*, 2007, 51 (4).

Papyrakis, E., Gerlagh, R., *The Resource Curse Hypothesis and Its Transmission Channels*, *Journal of Comparative Economics*, 2004, 32 (1).

Perkins, D. H., Reforming China's Economic System, *Management World*, 1988, 26 (2).

P. M, Romer, Increasing Returns and Long-Run Growth, *The Journal of Political Economy*, 1986 (5).

Reinhard, S., Lovell, C. A. K., Thijssen, G. J., Environmental Efficiency with Multiple Environmentally Detrimental Variables; Estimated with SFA and DEA, *European Journal of Operational Research*, 2000, 121 (2).

Robinson, J. A., Torvik, R., Verdier, T., Political Foundations of the Resource curse, *Journal of development Economics*, 2006, 79 (2).

Romer, D., *Advanced Macroeconomics*, *Second Edition*, Shanghai University of Finance & Economics Press, 2001.

Rosenbaumliz, *List of bans worldwide* 2016. https://keeptapwatersafe.org/globle-bans-on-fracking/.

Ross, M. L., How mineral-rich states can reduce inequality, *Escaping the Resource Curse*, 2007, 237.

Ross, M. L., What have We Learned About the Resource Curse?, *Annual Review of Political Science*, 2015, 18.

Rostow, W. W., The Stages of Economic Growth, *The Economic History Review*, 1959, 12 (1).

Sachs, J. D., *Resource Endowments and the Real Exchange Rate:*

a Comparison of Latin America and East Asia, University of Chicago Press, 1999.

Sachs, J. D., Warner, A. M., Natural Resource Abundance and Economic Growth, *National Bureau of Economic Research Working paper*, No. 5398, 1995.

Sachs, J. D., Warner, A. M., The Big Push, Natural Resource booms and Growth, *Journal of Development Economics*, 1999, 59 (1).

Sachs, J. D., Warner, A., Natural Resource Intensity and Economic Growth, *Development Policies in Natural Resource Economies*, 1999.

Sachs Jeffrey, Andrew Warner, Natural Resources Abundance and Economic Growth, *NBER Working Paper*, No. 5398, 1995.

Sachs Jeffrey, Andrew Warner, *The Big Push*, Natural Resource Boom, and Growth, *Journal of Development Economics*, 1999, 59.

Sachs Jeffrey, Andrew Warner, The Curse of Natural Resources, *European Economic Review*, 2001, 45.

Sala-i-Martin, X, Subramanian, A., Addressing the natural resource curse: An illustration from Nigeria, *Journal of African Economies*, 2013, 22 (4).

Sarmidi, T., Hook Law, S., Jafari, Y., Resource Curse: New Evidence on the Role of Institutions, *International Economic Journal*, 2014, 28 (1).

Sayre, N. F., The Genesis, History, and Limits of Carrying Capacity, *Annals of the Association of American Geographers*, 2008, 98 (1).

Scholz, C., Ziemes, G., Exhaustible Resources, Monopolistic Competition, and Endogenous Growth, *Environmental & Resource Economics*, 1999, 13 (2).

Shao, S., Yang, L., Natural Resource Dependence, Human

Capital Accumulation, and Economic Growth: A Combined Explanation for the Resource Curse and the Resource Blessing, *Energy Policy*, 2014, 74.

Solow, R. M. , A Contribution to the Theory of Economic Growth, *The Quarterly Journal of Economics*, 1956, 70 (1).

Solow, R. M. , Technical Change and the Aggregate Production Function, *Review of Economics and Statistics*, 1957 (39).

Stevens, P. J. , "Resource Curse" and How to Avoid It, *The Journal of Energy and Development*, 2005, 31 (1).

Stijns, J. P. C. , Natural Resource Abundance and Economic Growth Revisited, *Resources Policy*, 2005, 30 (2).

Stijns, J. P. , *Natural Resource Abundance and Human Capital Accumulation*, World Development, 2006, 34 (6).

Tong, S. , Zhiming, F. , Yanzhao, Y. , et al. , Research on Land Resource Carrying Capacity: Progress and Prospects, *Journal of Resources and Ecology*, 2018, 9 (4).

Torvik, R. , Why do Some Resource-abundant Countries Succeed While Others do not?, *Oxford Review of Economic Policy*, 2009, 25 (2).

Unesco & Fao, *Carrying Capacity Assessment with a Pilot Study of Kenya: a Resource Accounting Methodology for Exploring National Options for Sustainable Development*, Rome: Food and Agriculture Organization of the United Nations, 1985.

Van der Ploeg, F. , Natural Resources: Curse or Blessing?, *Journal of Economic Literature*, 2011, 49 (2).

VanWijnbergen, S. , The Dutch Disease': a disease after all?, *The Economic Journal*, 1984, 94 (373).

WM Corden, JP Neary, Booming Sector and De-industrialisation in a Small Open Economy, *The Economic Journal*, 1982, 92.

World Bank Group, World development indicators 2000, *World Bank Publications*, 2000.

Zhengfu, B., Inyang, H. I., Daniels, J. L., et al., *Environmental Issues from Coal Mining and their Solutions*, Mining Science and Technology (China), 2010, 20 (2).

致　　谢

　　本书为笔者在博士毕业论文基础上进行完善后的作品。本书围绕"自然资源对资源型地区经济增长的影响研究"这一主题，以内蒙古为研究对象，从煤炭资源、水资源和土地资源三种自然资源角度系统地分析了自然资源对经济增长的影响机制，深化对自然资源与经济增长之间的作用机理的系统认识，为资源型地区经济可持续增长路径选择提供理论参考。

　　在此，我想衷心感谢敬爱的导师蒋选教授从论文的选题到论文的顺利完成全过程中的悉心指导。感谢张志敏教授、齐兰教授、张铁刚教授、戴宏伟教授、陈斌凯教授等多位恩师在我博士论文开题、预答辩和答辩各环节中提出的宝贵意见。

　　感谢中国社会科学出版社经济与管理出版中心王曦编辑工作团队，在本书修改过程中不仅开展积极的沟通和联络工作，还反复对书稿的图标、文字等提出修改建议。

　　特别感谢内蒙古师范大学资助出版本书。很荣幸获得学校70周年校庆学术著作资助，为校庆献礼。70年来，学校弘文励教，薪火相传，培养了一大批高素质人才，产出了一大批高水平科研成果，为国家和自治区经济社会发展作出了重要贡献。在此祝学校辉煌永铸、桃李满天下。

　　由于时间所限，特别是作者水平和能力有限，本书在写作过程中可能存在一些缺点或问题，也有一些问题有待进一步深入研究，敬请读者批评指正！